따뜻하고
쿨하게
공감하라

따뜻하고
쿨하게
공감하라

양광모 지음

마인드북스

따뜻하고 쿨하게 공감하라

2012년 5월 10일   초판 1쇄 인쇄
2012년 5월 18일   초판 1쇄 발행

지은이 • 양 광 모
펴낸이 • 정 영 석
펴낸곳 • **마인드북스**
주   소 • 서울시 영등포구 대림동 989-12 2층 212호
전   화 • 02-6414-5995 / 팩   스 • 02-6280-9390
이메일 • dreamerys@nate.com
출판등록 • 제318-251002009000025호
홈페이지 • http://www.mindbooks.co.kr
ⓒ 양광모, 2012

ISBN 978-89-97508-02-0 03320

▪ 들어가며 ▪

"성공적인 인간관계, 사람의 마음을 얻는 비결은 무엇일까?"

최근 몇 년간 내가 정답을 찾기 위해 끊임없이 고민해 온 질문이다. 세상에서 가장 중요한 것이 사람의 마음을 얻는 일이요, 세상에서 가장 어려운 것이 사람의 마음을 얻는 일이기 때문이다. 어찌 보면 인생이란 타인의 마음을 얻기 위한 전쟁이요, 사회란 타인의 마음을 차지하기 위한 전쟁터라고까지 표현할 수 있을 것이다.

지금 이 순간에도 자녀는 부모의 마음을, 학생은 선생님의 마음을, 사랑에 빠진 사람은 이성 친구의 마음을, 영업사원은 고객의 마음을, 정치인은 유권자의 마음을, CEO는 직원들의 마음을 얻기 위해 눈물겨운 노력을 쏟아붓고 있다.

이 책을 쓰고 있는 필자 또한 독자 여러분의 마음을 얻기 위해 필사적인 노력을 기울이고 있다. 과연 어떻게 해야 다른 사람의 마음을 얻을 수 있을까? 그 비결을 공개하기 전에 잠시 공감에 대한 이야기를 먼저 나눠 보자. 언제나 기쁘게 생각하는 일이지만 나는 가족과 주변 사람들에게 다음과 같은 말을 귀가 따갑게 듣곤 한다.

"아빠는 제 마음을 정말 잘 이해해 줘요."

"당신과는 대화가 즐거워요."

"대표님은 직원들 생각과 입장을 잘 공감해 주십니다."

"언제 시간되실 때 제 고민 좀 상담해 주세요."

"고객의 마음을 잘 헤아리는 것 같아요."

정말일까? 유감스럽지만 나의 희망사항에 불과하며 사실과는 조금 거리가 멀다. 오히려 나는 이런 표현에 가까운지도 모르겠다.

"아빠는 절대로 제 마음을 이해 못해요."

"당신과는 대화가 안 통해서 아무 말도 하고 싶지 않아요."

"대표님은 항상 자기 말만 하십니다."

"어차피 이해하지 못할 테니 신경 쓰지 말고 내버려 두세요."

"고객의 마음을 전혀 헤아리지 못하는군요."

찬찬히 읽어보면 잘 알겠지만 모두 공감에 관련된 표현들이다. 과연 당신은 어떤 경우일까? 첫 번째 표현처럼 공감을 잘해 주는 사람인가 아니면 두 번째처럼 상대방의 마음을 전혀 공감해 주지 못하는 사람인가?

세상에서 가장 좋은 사람은 통하는 사람이다. 내 생각과 감정, 내가 처해 있는 상황과 입장을 잘 이해해 주는 사람이 나에게 최고의 인맥이다. 결국 성공적인 인간관계의 비결도 상대방의 마음을 얻으려 노력하는 것이 아니라 상대방에게 마음을 주려 노력해야 한다.

인간관계의 기본 원칙을 기브 앤 테이크(Give & Take)라고 말하듯이 누군가의 마음을 얻기 위해서도 내가 먼저 마음을 줘야 하는 것이다. 그리고 여기서 마음을 준다는 것이 바로 상대방에 대한 깊은 공감을 의미한다. 인간관계에서 마음의 문은 나를 잘 공감해 주는 사람에게만 활짝 열리기 때문이다.

공감 능력이 뛰어나면 손쉽게 친밀한 인간관계를 형성할 수 있고, 자연스럽게 성공과 행복을 얻을 확률이 높아진다. 직장에서는 원활한 소통이 가능해져 인기 있는 동료나 상사가 될 수 있고, 영업이나 사업에서는 고객의 마음을 잘 헤아려 뛰어난 실적을 올릴 수 있다. 행복한 가정 역시 공감 능력에 좌우된다. 부모가 자녀의 생각을 공감하지 못하면 마음의 문이 닫히고 결국 소통이 불가능해지기 때문이다.

최근 우리 사회에서 발생하는 집단 따돌림, 왕따의 문제 역시 공감 능력의 부족으로 생겨나는 경우가 대부분이다. 또한 공감 능력이 뛰어난 사람은 친구나 연인의 마음을 쉽게 사로잡을 수 있다.

이 책은 공감 능력을 향상시켜야 할 모든 사람에게 필요한 내용을 담고 있다. 자녀와 친밀한 관계를 형성하고 싶은 부모, 직장에서 원만한 관계를 형성하고 싶은 직장인, 고객을 내 편으로 만들고 싶은 영업사원, 국민과의 소통을 원하는 정치인이나 공무원, 그리고 기업의 CEO들에게 필요한 내용을 다루고 있다.

나는 이 책을 통해 공감이 무엇인지, 어떻게 하면 타인의 생각과 감정을 정확하게 공감할 수 있는지에 대해 구체적인 이론과 방법, 실제 사례를 통해 설명할 것이다. 자신 있게 장담하건데 이 책을 꼼꼼하게 읽고 몇 가지 훈련만 반복한다면 세상의 모든 사람과 성공적인 관계를 유지할 수 있을 것이다.

당연히 사람들의 마음을 얻을 수 있고, 성공과 행복은 부산물로 돌아오게 될 것이다. 아무쪼록 이 책을 통해 영혼이 통하는 인간관계를 형성하길 기원하며, 미국 하버드 대학교 폴 틸리히 교수의 말을 교훈으로 옮겨 놓는다. 우리 모두 사랑하는 사람의 말에 귀를 기울여 공감을 나눠 보자.

"사랑의 첫 번째 의무는 상대방의 말을 경청하는 것이다."

푸른고래 양광모

▪차 례▪

제1장

인간관계는 공감의 미학

내 마음을 알아주는 사람이 있는가

"'힘내라고.' 밤에 헤어질 때나 아주 좋은 이야기를 나누었을 때든지 아무 관련 없이 로댕은 곧잘 내게 이렇게 말하는 것이었습니다. 그는 알고 있었던 겁니다. 젊었을 때, 이 말이 날마다 얼마나 필요한 것인가를."

독일 시인 라이너 마리아 릴케의 말이다. 미숙아로 태어나 육체적, 정신적으로 병약한 젊은 시절을 보내고 있던 릴케는 로댕의 이해와 격려에 힘입어《말테의 수기》,《두이노의 비가》,《오르페우스에게 부치는 소네트》같은 걸작을 남기며 위대한 시인으로 다시 태어날 수 있었다.

"아무리 생각해 봐도, 백 번을 넘게 생각해 봐도 세상엔 나 혼자뿐이다."

이것은 한 유명 연예인이 자신의 미니홈피에 올렸던 글이다. 백 번을 넘게 생각해 봐도 혼자밖에 없는 것처럼 느껴졌다니 얼마나 외롭고 쓸쓸했을까? 결국 그녀는 이 글을 마지막으로 스스로 생을 마감했다. 만약 그녀의 고독을 따뜻하게 어루만져 주는 사람이 세상에 단 한 명만 있었더라도 그녀가 스스로 목숨을 끊는 비극은 일어나지 않았을 것이다.

인생은 내 마음을 알아주는 사람이 단 한 명만 있어도 기쁘고 힘이 나지만, 내 마음을 알아주는 사람이 단 한 명도 없으면 마냥 쓸쓸하고 살아가는 일이 무척 힘들게만 느껴진다. 대기업 회장이 자살을 하고 영화배우, 탤런트, 가수들이 스스로 목숨을 끊는 이유 또한 모두 마찬가지다. '세상에 나 혼자뿐'이라는 소외감 속에 놓여 있기 때문이다.

그렇다면 지금 당신은 어떤 경우인가? 로댕처럼 당신의 상황을 이해하며 '힘내라'고 말해 주는 사람이 있는가? 당신의 눈빛만 보고도 어떤 기분인지 알아차릴 수 있는 사람이 있는가? 밤 12시에 전화를 걸어 대화를 나누고 싶은 사람, 퇴근 무렵 비가 내릴 때 함께 술잔을 나누고 싶은 사람, 가슴속 생각을 모두 털어놓고 함께 밤새워 이야기를 나누고 싶은 사람이 있는가? 단언하건데 이런 사람이 단 한 명만 있어도 큰 행복이요 두 명이면 행운, 세 명이면 하늘이 내린 축복이다.

이번에는 반대의 경우를 생각해 보자. 당신은 누군가에게 '힘내라'는 말을 해 주고 있는가? 눈빛만 보고도 그 사람의 마음속에 떠오르는 기쁨과 슬픔을 알아차릴 수 있는가? 퇴근 무렵 또는 밤 12시에 당신에게 전화를 걸어 속마음을 털어놓는 사람이 있는가? 이런 사람이 많다면 당신의 삶은 사랑과 기쁨으로 충만할 것이다. 반면에 이런 사람이 전혀 없다면 당신은 혼자만의 세계에서 쓸쓸함에 젖어 살게 될 것이다.

실제로 미국인의 경우 전체 인구의 4분의 1 정도가 심한 고독감을 느끼며 살고 있다는 조사 결과가 발표되기도 하였다. 앞에서 말한 것처럼 '세상에 나 혼자뿐'이라는 심정으로 살아가는 셈이니 참으로 불행한 일이 아닐 수 없다.

사실 공감은 친구 관계에만 영향을 주는 것은 아니다. 가족과 친구를 포함한 모든 인간관계, 그리고 직장과 사회생활에서 공감은 매우 중요한 역할을 차지하고 있다. 먼저 다음과 같은 질문을 스스로에게 건네 보라.

- 나는 부모님의 마음을 잘 헤아리는가?
- 나는 아내(남편)의 마음을 잘 공감하는가?
- 나는 자녀들의 마음을 잘 공감하는가?
- 나는 친구들의 마음을 잘 공감하는가?
- 나는 상사, 동료, 부하들의 생각과 입장을 잘 헤아리는가?
- 나는 고객의 마음을 잘 헤아리는가?

이 질문에 모두 "예."라고 대답할 수 있다면 당신은 사람들의 마음을 손쉽게 얻고 깊은 친밀감과 신뢰를 형성할 수 있을 것이다. 공감 능력은 원만한 대인관계를 형성할 수 있는 핵심 요소이기 때문이다.

모든 사람들이 첫 번째로 손꼽는 오프라 윈프리의 성공 비결도 그녀의 탁월한 공감 능력이며, 에이브러햄 링컨, 프랭클린 루스벨트, 반기문 유엔사무총장, 이금희 아나운서, 방송인 김제동 등이 모두 뛰어난 공감 능력을 지닌 사람들이다.

미국 화이자 제약회사의 회장을 역임한 제프 킨들러는 매일 아침 동전 10개를 가지고 다니며 공감력을 높이려 노력하였고, 메리 케이 코즈메틱사의 창업주인 메리 케이 애시는 다음과 같은 말로 타인과의 공감을 중요시하였다.

"북적대는 방에서 누군가와 이야기를 할 경우라도, 나는 그 방에 우리 둘만 있는 것처럼 그를 대한다. 다른 것은 모두 무시하고 그 사람만 쳐다본다. 고릴라가 들어와도 나는 신경 쓰지 않을 것이다."

다시 한 번 정리해 보자. 공감이 부족하면 개인은 고독과 소외감에 빠지고, 가정에는 불화가 생기며, 직장에서는 의사소통에 장애가 생겨 조직의 발전이 저해된다. 사회에서는 계층과 계층, 집단과 집단 사이에 끝없는 불신과 갈등이 전개된다.

세상에서 가장 가까워야 할 부모 자식, 부부간에도 마음의 문을 닫고 진솔한 대화를 나누지 못하는 이유가 공감이 부족하기 때문이다. 자신의 생각과 감정을 이해받지 못한다면 어떤 사람이 자신의 속마음을 밖으로 드러내려 하겠는가?

2008년 미국산 소고기 수입을 둘러싸고 벌어졌던 전국적 규모의 갈등도 마찬가지다. 대통령과 정부가 국민들의 불안 심리를 올바로 공감하지 못한 것이 가장 큰 원인이라 이해해야 한다.

이처럼 공감은 우리의 일상생활에 직접적이면서도 결정적인 영향을 끼치고 있다. 단적으로 말하자면 사람의 일생은 공감 능력에 따라 성공과 실패, 행복과 불행이 좌우되며 사회의 발전 역시 구성원의 공감 능력에 따라 방향과 속도가 결정되는 것이다.

이제 우리는 공감의 중요성을 깊이 인식하고 자신의 공감력을 높이기 위해 적극적인 노력과 훈련을 실천해야 한다. 앞으로 이 책을 통해 다른 사람의 생각과 감정을 쉽게 공감할 수 있는 이론과 방법에 대해 함께 알아보기로 하자. 그 전에 먼저 독자 여러분에게 힘찬 응원을 보낸다.

"힘내시라."

성공과 행복은 공감에 달려 있다

성공의 비결은 무엇일까? 바로 인간관계다. 미국 카네기멜론 대학교에서 스스로의 삶을 실패라고 평가한 사람 일만 명을 대상으로 "본인이 성공하지 못한 이유는 무엇이라 생각하는가?"라는 내용의 설문 조사를 실시하였다. 그 결과 85%에 해당되는 응답자들이 '원만하지 못한 인간관계'를 첫 번째 이유로 손꼽았다. 나머지 15%의 사람들이 지목한 것은 지능과 재능, 또는 기술적인 요인들이었다.

미국 보스턴 대학교 헬즈만 교수와 연구팀에서는 성공과 출세에 가장 중요한 요인이 무엇인지 알아보기 위해 7세 어린이 450명을 대상으로 40년 동안 추적 조사를 하였다. 그 결과 연구팀에서는 성공에는 다른 사람들과 어울리는 능력이 가장 중요하다는 결론을 내렸다.

한편, 미국 퍼듀 대학교 공학부에서는 졸업생들을 대상으로 연봉 수준을 조사했는데, 대인관계가 우수했던 그룹의 학생들은 학업성적이 우수했던 그룹의 학생들보다 평균 15% 이상 연봉이 많았고, 학업성적이 우수하지 못했던 그룹의 학생들보다는 평균 33% 이상 연봉이 많은 것으로 알려졌다.

이 외에도 수많은 대학과 연구기관의 조사들이 성공과 인간관계의 연관성에 대해 일관된 결과를 알려주고 있다. 세계 제1위 부자 빌 게이츠의 성공에는 공동모금회(United Way) 이사로 활동하던 어머니 메리 게이츠가 맺은 IBM 인맥이 큰 영향을 주었으며, 세계 제2위 부자 워런 버핏의 성공에는 워싱턴포스트의 발행인 캐서린 그레이엄의 도움이 결정적이었던 것으로 알려져 있다. 역시 인맥과 인간관계가 성공의 가장 중요하고 핵심적인 비결임을 알 수 있다.

그렇다면 행복의 비결은 무엇일까? 바로 인간관계다. 철학자 키르케고르는 "행복의 90%는 인간관계에 달려 있다."라고 말했다. 칸트 역시 "어떤 일을 할 것, 어떤 희망을 가질 것, 어떤 사람을 사랑할 것", 이 세 가지를 행복의 조건으로 설명했다.

사람은 사회적 동물이기 때문에 사람의 행복은 관계에 의해 결정된다고 해도 과언이 아니다. 행복은 올바른 관계 속에서 만들어지며, 올바르지 못한 관계에 의해 신기루처럼 사라진다. 인간관계에 갈등이나 장애가 생기면 어떤 사람도 행복할 수 없다.

미국 펜실베이니아 주에는 이탈리아 이민자들이 모여 사는 로제토 마을이 있다. 이 마을에는 알코올이나 약물 중독자가 없으며 범죄율과 자살율도 매우 낮다. 55세가 되기까지 심장마비로 죽는 경우는 거의 없고, 65세 이상도 심장마비 사망률이 미국 전체 평균의 절반 수준에 불과하다.

미국 오클라호마 의대 스튜어트 울푸 교수는 로제토 마을의 주민들을 상대로 장기간에 걸친 연구를 진행하였다. 그 결과 이들의 건강 비결은 유전, 환경, 식생활, 운동 같은 물리적 요소가 아니라 공동체적 인간관계에서 형성된 '유대감'이라는 사실을 밝혀냈다. 마을 주민들 사이의 '친밀감'이 장수의 비결이었던 것이다.

미국 일리노이 대학교 에드 디너 교수와 긍정심리학의 대가 마틴 셀리그먼 교수는 222명의 사람을 대상으로 행복도를 측정하였다.

그리곤 가장 행복하다고 대답한 상위 10%에 해당하는 사람과 나머지 90%의 사람을 비교 분석하였다.

그 결과 두 그룹 사이의 가장 큰 차이점은 돈, 직업, 건강 등이 아니라 인간관계라는 사실이 드러났다. 상위 10%의 응답자들은 친구들과 어울리고 관계를 유지하는 데 많은 시간을 할애하며, 주변 사람들과 친밀한 인간관계를 형성하고 있었다. 원만하고 친밀한 인간관계가 행복한 삶의 비결이라는 사실을 잘 알려주고 있다. 미국 심리학자 소냐 류보머스키는 '사회적 관계에 투자하는 것이 행복을 위한 최고의 전략'이라고 말했다.

한편 인간관계는 죽음에도 큰 영향을 미친다. 자살률 세계 1위라는 오명을 쓰고 있는 우리나라의 경우 하루 평균 42.2명이 자살로 목숨을 끊는다. 세계보건기구의 조사에 의하면 사람들이 자살하는 동기는 989가지에 이르지만 근본적인 원인은 인간관계의 문제에서 비롯된다.

이처럼 인간관계는 행복과 불행을 결정하는 본질적인 요소다. 사랑과 신뢰를 주고받는 친밀한 인간관계는 행복과 삶의 의욕을 가져다주지만 갈등과 불신을 주고받는 소외된 인간관계는 불행과 죽음에의 유혹을 불러일으킨다. 따라서 우리는 진실한 인간관계를 맺기 위해 많은 노력을 기울일 필요가 있다. 그런데 어떻게 하면 사랑과 애정이 오가는 인간관계를 형성할 수 있을까? 정답은 바로 공감에 달려 있다.

중국 춘추시대 제나라에 관중과 포숙아라는 사람이 있었다. 둘은 어려서부터 둘도 없는 친구였는데, 나중에 포숙아가 세상을 떠나자 관중은 "나를 낳아 준 사람은 부모지만, 나를 알아 준 사람은 포숙아였다(生我者父母 知我者鮑子也)."라고 말하며 애통해하였다. 여기에서 유래한 고사성어 '관포지교(管鮑之交)'는 '진정으로 서로를 이해해주고 어려움을 감싸주는 깊은 우정'을 나타내는 말로 유명하다.

우리는 누구나 자신의 마음을 잘 이해해주는 사람과 가까워진다. 서로 말이 통하고, 생각이 통하고, 감정이 통해야 친밀한 관계로 발전된다. 공감은 인간관계의 핵심이며 기본 원칙이다.

인생의 목적인 행복을 얻으려면 공감을 잘해야 한다. 나를 알아주는 사람이 있는 것도 행복이지만, 누군가의 마음을 잘 헤아려 주는 것도 큰 기쁨이요, 즐거움이다. 행복은 인간관계에, 그리고 인간관계는 공감에 달려 있다는 사실을 명심하고 공감력을 높이기 위해 노력해 보자. 행복은 공감이다.

사람은 누구를 위해 목숨을 바칠까

"네가 나를 모르는데 난들 너를 알겠느냐. 한 치 앞도 모두 몰라다 안다면 재미없지."

김국환의 〈타타타〉에 나오는 노래 가사다. 사람은 참 알기 어렵다. 열길 물속보다 측정하기 어려운 것이 사람 마음이다. 내가 나라는 존재도 잘 모르는데, 어떻게 너라는 다른 사람을 알 수 있겠는가? 아마도 불가능할 것이다. 그런데 어떻게 생각하면 그것이 인간관계의 묘미인지도 모른다.

만약 다른 사람의 속이 뻔히 들여다보인다면 재미는 고사하고 유쾌하지 못한 결과가 초래될 가능성이 높다. 모르는 것이 약이라는 말처럼, 다른 사람의 마음을 알지 못하는 것이 행복인지도 모른다. 그렇지만 우리는 다른 사람의 마음을 알려는 노력을 멈춰서는 안 된다. 인간관계는 상호 간의 이해와 공감을 통해 발전되며 사람은 누구나 자신을 알아주는 사람을 좋아하기 때문이다.

미국 심리학자 윌리엄 제임스는 "인간이 가진 본성 중에서 가장 강한 것은 타인에게 인정받기를 갈망하는 마음이다."라고 말했다. 사람은 누구나 타인으로부터 인정받고 싶어 한다. 어린아이들은 부모에게, 학생은 선생님에게, 직장인은 상사로부터 자신의 존재를 인정받고 싶어 한다. 남편은 아내에게 인정받고 싶어 하며 아내는 남편에게 인정받고 싶어 한다.

우리는 자신의 약점을 들추기보다는 그것을 너그럽게 이해해 주고, 내가 지닌 가치나 잠재력을 인정해 주는 사람들과 좋은 관계를 맺기 마련이다. 따라서 다른 사람들과 신뢰와 애정을 주고받는 행복한 삶의 비결은 내가 먼저 상대방을 알아주는 것이다.

BC 5세기경 중국 진(晉)나라의 지백(智伯)은 평소에 떠돌이였던 예양(豫讓)을 국사로 모셨다. 훗날 지백이 조양자(趙襄子)와의 전쟁에서 죽음을 당하자 예양은 복수를 결심한다. 온몸에 옻칠을 하여 행려병자로 위장하고 숯을 먹어 목소리까지 바꿨다. 그리곤 호시탐탐 조양자를 죽일 기회를 노렸으나 결국 실패로 끝나고 말았다. 산 채로 붙잡힌 예양에게 조양자가 물었다.

"너는 일찍이 범(范) 씨와 중행(中行) 씨를 모셨던 사람이다. 그렇지만 지백이 그들을 죽였을 때 너는 복수를 하지도 않았고 오히려 지백의 신하가 되었다. 그런데 왜 지금 지백을 위해서는 복수를 하려는 것인가?"

예양이 대답하였다.

"범 씨와 중행 씨는 나를 신하 중의 한 명으로 대우해 주었을 뿐이지만 지백은 나를 국사로 인정해 주었다. 그러니 내가 어찌 그의 원한을 갚기 위해 몸을 바치지 않을 수 있겠는가? 내가 비록 복수에 성공하지는 못했으나 당신의 옷을 내어 준다면 그것이라도 칼로 베어 지백의 은혜에 보답하고 죽고 싶다."

예양의 의로운 마음에 감동한 조양자가 의복을 벗어 내어 주니 예양은 칼을 뽑아 그 옷을 세 번 베고는 그 자리에서 자결하였다. 이때 예양은 "사위지기자사(士爲知己者死) 여위열기자용(女爲說己者容)"이라는 말을 남겼는데 "선비는 자기를 알아주는 사람을 위하여 죽고, 여자는 자기를 사랑해 주는 사람을 위하여 화장을 하는 법이다."라는 뜻이다.

예양의 일화에서도 알 수 있듯이 사람은 자신을 알아주는 사람을 위해 목숨까지 버릴 수 있는 존재다. 당나라 왕발(王勃)의 시에 "해내존지기(海內存知己) 천애약비린(天涯若比隣)"이라는 문장이 있다. "세상에 알아주는 벗이 있다면, 하늘 끝에 있어도 이웃과 같네."라는 뜻이다. 세상에 태어나 나를 알아주는 벗이 있다면 얼마나 행복할 것인가?

그러나 인간관계에서 더욱 중요한 것은 남이 나를 알아주는 것이 아니라 내가 남을 알아주는 것이다. 조계종 총무원장을 지낸 지관 스님은 이렇게 말했다. "남이 나를 알아주지 않는다고 걱정하지 말고, 내가 남을 알지 못할까 걱정해야 한다."

지백이 예양을 알아주었듯이 내가 먼저 다른 사람들을 알아줘야 우정과 신뢰를 맺을 수 있다. 지금 스스로에게 질문을 던져 보라. 나는 지금 누구를 알아주고 있는가? 그 사람만이 당신을 위해 목숨을 바치며, 세상 끝에 떨어져 있어도 이웃에 있는 것처럼 느껴질 것이다.

헤아림 받은 적 있습니까

에디슨이 67세가 되었을 때, 공장에 불이 나 삽시간에 잿더미로 변해 버렸다. 실의에 빠져 있는 그에게 자동차왕 포드가 75만 달러 짜리 수표를 내밀며 말했다.

"혹시라도 돈이 더 필요하면 언제든지 알려 주십시오. 담보는 필요 없으며 이자도 받지 않겠습니다."

에디슨은 이 돈을 갖고 다시 사업을 시작할 수 있었다. 어떻게 해서 포드는 75만 불이라는 거금을 에디슨에게 선뜻 빌려 줄 수 있었던 걸까? 일찍이 포드는 자동차를 개발하는 과정에서 자금 부족과 기술적인 문제 등 숱한 어려움을 겪었다. 그럴 때마다 포드는 에디슨에게 달려가 조언을 구했는데, 에디슨은 다음과 같은 말로 포드를 격려해 주었다.

"포기하지 말고 더욱 열심히 매달리게나. 반드시 성공할 거라고 믿네. 자네가 만드는 자동차는 교통 수단에 획기적인 혁명을 가져올 거야."

에디슨이 포드의 마음을 잘 헤아리고 따뜻한 격려를 보내 준 것이 훗날의 보답으로 돌아온 셈이다.

얼마 전 인기가수 J의 콘서트에 참석했는데 뜻하지 않게 세 번에 걸쳐 '헤아림'을 받았다. 헤아림은 인기 있는 가수, 그룹, 연예인 등이

자신에게만 시선을 맞춰 주거나 자신을 향해 특정한 말, 행동을 보내 주는 것을 의미한다. 일본에서는 응답이라는 뜻의 'レス(레스)'라고 표현한다. 대부분의 헤아림은 우연히 시선이 마주치거나, 불특정 다수를 향해 넓은 지역을 바라보고 있는 것을 마치 자신만 바라보는 것처럼 오해하는 데서 비롯된다. 사실 여부야 어찌되었든 헤아림을 받았다고 생각하는 사람은 귀한 선물이라도 받은 것 마냥 감동받고 더욱더 열렬한 팬이 되기 마련이다.

그런데 '헤아림'은 어디서 비롯된 말일까? 사전을 찾아보니 '헤아림'은 '헤아리다'에서 나온 말로 다음과 같은 뜻을 지니고 있다.

1. 수량을 세다.
2. 그 수 정도에 이르다. 비교적 많은 수에 이르는 경우를 말한다.
3. 짐작하여 가늠하거나 미루어 생각하다.

행복한 삶을 위해서는 타인의 생각과 감정에 공감할 수 있어야 한다. 이를 위해서는 상대방의 마음속을 짐작하며 상상해 보는 '헤아림'이 필요하다. 헤아림이 부족하면 공감을 형성하기 어려우며, 공감이 없으면 인간관계는 소원해지기 때문이다. 아울러 다른 사람의 마음을 잘 '헤아림'하는 사람만이 다른 사람들로부터도 '헤아림'을 받을 수 있다.

'헤아림'에는 두 가지 종류가 있다. 하나는 계산적인 헤아림이요, 다른 하나는 배려하는 헤아림이다. 마태복음 7장 2절에 보면 "너희의 비판하는 그 비판으로 너희가 비판을 받을 것이요. 너희의 헤아리는 그 헤아림으로 너희가 헤아림을 받을 것이니라."라는 구절이 있는데 여기서 말하는 '헤아림'은 계산적이고 이기적인 헤아림이다.

누가복음 6장 38절에는 "주라. 그리하면 너희에게 줄 것이니 곧 후히 되어 누르고 흔들어 넘치도록 하여 너희에게 안겨 주리라. 너희가 헤아리는 그 헤아림으로 너희도 헤아림을 도로 받을 것이니라."라는 말씀이 나온다. 이때의 헤아림은 따뜻하고 배려하는 헤아림이다.

인간관계에서 갈등이 발생하거나, 신뢰가 형성되지 못하는 이유는 헤아림이 부족할 뿐만 아니라 그나마도 계산적인 헤아림이 대부분이기 때문이다. 비단 개인만의 문제에 국한되지 않는다. 우리 사회에서 정부 정책에 대한 국민들의 불신은 이미 심각한 상황에 이르고 있다. 가장 대표적인 것이 부동산, 그리고 대학입시 정책이다.

역대 정부마다 수없이 많은 대책과 정책을 내놓았지만 대부분 실패로 돌아갔다. 정부의 정책 의지와 일관성에 대해 국민들이 불신했기 때문이다. 결국 부동산 가격은 지속적으로 폭등했고, 학교 교육은 파행적으로 운영되며 커다란 사회적 문제를 야기하였다. 2008년의 광우병 파동 또한 마찬가지다. 정부가 국민들의 불안 심리를 헤아리고 신뢰를 얻기 위해 노력했다면, 3개월 동안 수많은 국민이 촛불을 들고 광장에 모이는 사태는 일어나지 않았을 것이다.

며칠 전 일이다. 사회 후배 K를 만나 술 한잔을 나누고 귀가했다. 현관을 들어서자마자 아내가 몹시 궁금하다는 표정으로 질문을 건넸다.

아내: "오랜만에 만나서 무슨 이야기했어?"
나: "그냥 이런저런 이야기 ……."
아내: "이런저런 이야기 어떤 거?"
나: "그냥 사는 이야기했다니까!"
아내: "사는 이야기 어떤 거?"
나: "사는 이야기가 사는 이야기지. 그냥 이런저런 이야기했다니까."

자신이 원하는 대답을 들려주지 않자 아내는 화난 얼굴이 되어 안방으로 들어가 버렸다. 그 모습을 보며 나는 순간적으로 '아차!' 싶었다. 나 역시 아내에 대한 헤아림이 부족했던 것이다.

남자와 여자의 대화법에는 차이가 존재한다. 남자는 짧고 간결한 대화를 선호하지만, 여자는 구체적이고 상세한 대화를 좋아한다. 아내와의 대화에는 이런 차이를 헤아렸어야 옳았다. 또한 아내가 알고 싶었던 것은, K가 이혼과 재결합 사이에서 무엇을 선택할 것인지에 대한 정보라는 사실을 헤아렸어야 했다. 3년 전, 아내의 학교 후배와 결혼한 K는 성격 차이를 이유로 현재 별거 중인 상황이었기 때문이다. 아내로서는 당연히 K의 생각이 궁금했을 텐데 나는 그 부분에 대한 헤아림이 부족했던 것이다.

원만한 인간관계와 행복한 삶의 비결은 헤아림이다. 부모는 자녀의 마음을 잘 헤아려야 하고, 남편은 아내의 마음을, 상사는 부하 직원의 마음을, 영업사원은 고객의 마음을 잘 헤아려야 행복하다. 물론 계산적이고 이기적인 헤아림이 아니라 따뜻하고 배려하는 헤아림을 말한다.

유명 가수로부터 헤아림을 받은 사람이 열성팬으로 바뀌듯이, 인간관계에서도 나에게 헤아림을 받은 사람이 나의 팬으로 바뀌게 된다. 지금 주변을 둘러보고 가족이나 친구, 직장 동료, 사회에서 만나는 사람들에게 헤아림을 보내 보자. 인간관계는 헤아림과 공감의 미학이다.

공감은 가치 있는 삶에 대한 신념이다

텔레비전을 보니, 대통령이 전통 시장을 방문해 어묵을 먹었다는 뉴스가 흘러나온다. 정치적 쇼에 불과하다는 의견도 있지만 불가피한 제스처라 생각한다. 국정 최고 책임자로서 국민들의 삶을 이해하고, 국민들의 애환에 대해 함께 공감대를 형성할 수 있는 긍정적 측면이 있을 것이다. 다만, 국민을 현혹하고 친서민적 이미지를 홍보하기 위한 수단으로 악용되는 일은 피해야 할 것이다.

2008년 대권주자로 불리는 정치인 J의원의 발언이 인터넷 게시판을 뜨겁게 달군 적이 있다. 당시 한나라당 대표 최고의원 경선토론회가 열리고 있었는데, 경쟁 후보가 버스요금에 대해 질문하자 황당한 답변을 한 것이다. 내용은 이렇다.

경쟁 후보: 버스 기본요금이 얼마인지 혹시 알고 계십니까?
J의원: 굉장히 어려운 질문인데요. 요즘 카드로 타죠? 한 번 탈 때
        70원 하나요?
경쟁 후보: 천 원입니다.
J의원: 천 원? 버스 종류가 여러 가지 있는 거 아닌가요?
경쟁 후보: 기본료는 천 원입니다.

이 소식을 접한 수많은 네티즌과 국민들이 J의원의 발언을 비난하였다. 서민을 위해 일한다는 사람이, 서민이 어떻게 생활하는지도 모른다는 사실에 대한 분노와 한탄의 목소리였다. 정치는 민의를 쫓는다는 말처럼 국민의 정서와 함께 움직이는 것이다. 지나친 포퓰리즘도 경계해야 되지만, 국민의 마음을 공감하지 못하는 정치 또한 매

우 위험한 일이다.

역사는 국민의 마음과 유리된 정치가 어떤 종말을 맞이하게 되는지 분명하게 보여주고 있다. 16세기 무렵, 루이 16세 시대의 프랑스 국민은 국가적인 재정 위기와 잇따른 흉년으로 극심한 기근에 시달리고 있었다. 이들은 국민의회를 결성한 후 국왕과 귀족들을 향해 '빵을 달라'고 요구하였다. 그러자 루이 16세의 부인 마리 앙투아네트는 이렇게 말했다.

"빵이 없으면 케이크를 먹으라고 하세요."

이 말을 들은 파리 시민들의 분노는 활화산보다 뜨겁게 폭발했다. 1789년 7월 14일, 파리의 성난 민중들은 바스티유 감옥을 습격하며 프랑스 혁명을 일으켰다. 루이 16세와 마리 앙투아네트는 결국 단두대의 이슬로 사라지고 말았다 국민의 삶과 생각을 미처 공감하지 못한 대가였다.

공감의 문제는 비단 정치인들에게서만 목격되는 것은 아니다. 힐튼 호텔의 억만장자 상속녀 패리스 힐튼은 종종 다음과 같은 망언으로 사람들의 비난을 자초하였다.

"사람들이 돈을 벌기 위해 일하는 줄 몰랐다."

"공짜 급식소가 뭐예요?"

"영국 사람들은 죄다 평범한 이름을 갖는 것 같네요. 이곳에서는 그런 게 통하나 보죠?"

사람들이 일하는 이유가 돈을 벌기 위해서라는 사실을 몰랐다는 그녀. 단순히 공감의 문제를 넘어, 타인에 대한 관심과 배려가 너무 부족한 말이라고 생각한다. 시쳇말로 '싸가지' 없는 말과 행동인 것이다.

사람은 더불어 사는 사회적 존재다. 우리의 삶은 공감을 통해 한층 따뜻하고 아름다워진다. 타인의 기쁨을 함께 기뻐하고, 타인의 슬픔을 함께 슬퍼해 주는 공감이 우리의 삶을 훈훈하고 풍요롭게 만들어 준다.

영화감독 장진의 메모장에는 이런 내용이 적혀 있다고 한다. "도착해보니 지옥이었다. 여기까지 오는 동안 너무나 많은 추월을 했다." 삶의 목적은 속도가 아니라 방향이다. 잠시 질주를 멈추고 가족이나 친구, 주변 사람들과 마주 앉자. 그리고 함께 따뜻한 공감을 나눠 보자. 공감은 단순한 커뮤니케이션 기술이 아니라, 올바르고 가치 있는 삶을 살겠다는 신념이요, 가치관이라는 사실을 기억하자.

가까운 사이일수록 낮은 공감정확도의 비밀

미국의 오프라 윈프리(Oprah Gail Winfrey)는 공감력이 뛰어난 대표적인 인물이다. 토크쇼의 여왕, 영화배우, 아프리카계 미국인 최초의 억만장자, 잡지, 케이블TV, 인터넷까지 거느린 하포 엔터테인먼트 그룹 대표, 이 모두가 오프라 윈프리를 가리키는 말이다.

그녀가 거둔 화려한 성공과 뜨거운 인기의 비결이 뛰어난 공감력 때문이라는 점은 누구나 인정하고 있는 사실이다. 그녀 또한 "듣는 것이란 귀를 이용하여 다른 사람들의 마음과 소통하는 것입니다. 말을 잘하기보다 타인의 말을 잘 듣는 태도가 나의 성공 비결입니다." 라고 말하고 있다.

오프라 윈프리의 탁월한 공감 능력을 알려주는 일화가 하나 전해진다. 방송계에 갓 입문해 현장 리포터로 활동하던 오프라 윈프리가 화재 사건에 취재를 나가게 되었다. 현장에 도착해 보니 건물은 모두 불에 타 버렸고, 자식을 잃은 부모가 슬픔에 잠겨 눈물을 흘리고 있었다. 오프라 윈프리는 마이크를 들이대고 화재 경위나 현재의 심정을 묻기는커녕 그들을 가슴에 끌어안은 채 이렇게 위로의 말만 건넸다.

"지금 당신들의 심정이 어떤지 이해합니다. 아무 말 안 해도 돼요."

이렇게 순수하고 깊은 공감이 있었기에 그녀는 사람들의 마음을 사로잡으며 성공과 인기를 손에 넣을 수 있었던 것이다. 방송에 출연한 사람들을 얼싸안고 함께 눈물을 흘리는 공감 능력이 없었다면 지금과 같은 성공은 절대로 불가능했을 것이다.

과학자들의 연구에 의하면 감정이입이 천성적으로 잘 되는 사람은 몇 가지 특징을 지니고 있다. 그들은 다른 사람의 버릇, 자세, 얼굴 표정을 자동적으로 그리고 무의식적으로 모방한다. 과학자들은 이런 현상을 '카멜레온 효과'라고 이름 붙였다. 이렇게 감정이입이 뛰어난 사람들은 타인의 행복과 불행을 마치 자신의 것인 양 공감한다. 그 사람과 똑같이 기뻐하고, 똑같은 슬픔의 감정을 느낀다. 방송을 지켜보면 오프라 윈프리의 모습에서 쉽게 카멜레온 효과를 발견할 수 있다.

사람은 누구나 공감을 원한다. 사업 관계로 술자리가 많은 남편은 아내의 공감을, 영업 실적이 저조한 부하 직원은 상사의 공감을, 연인과 헤어져 슬픔에 잠긴 사람은 친구들의 공감을 원하고, 나는 이 책에 대한 여러분의 공감을 원한다.

공감의 사전적 정의를 보면 "타인의 사고(思考)나 감정을 자기의 내부로 옮겨 넣어, 타인의 체험과 동질(同質)의 심리적 과정을 만드는 일"이다. 이보다 좀 쉬운 설명으로는 "남의 감정, 의견, 주장 따위에 대하여 자기도 그렇다고 느낌. 또는 그렇게 느끼는 기분"이다. 결국 공감은 통하는 것이다.

우리는 자신의 생각과 감정을 잘 공감해 주는 사람과 친밀한 관계로 발전된다. 심리학자 대니얼 골먼은 사회적 리더가 갖춰야 할 능력으로 공감 지능을 강조했다. 공감은 성공적인 사회적 관계를 위해서도 반드시 필요한 조건인 셈이다. 그런데 우리는 어떻게 타인의 생각과 감정을 공감할 수 있는 것일까?

이탈리아 파르마 대학교 자코모 리촐라티(Giacomo Rizzolatti) 박사 연구팀은 원숭이 뇌 속의 행동 뉴런에 전극을 꽂아 활동을 모니터하였다. 원숭이가 접시 위에 놓인 땅콩을 집으려 할 때마다 특정 뉴런이 반응했는데 갑자기 예상치 못한 현상이 나타났다. 우연히 실험자가 땅콩을 집어 들었더니 이를 지켜보던 원숭이의 뇌에서 동일한 뉴런이 활동한 것이다.

리촐라티 박사는 몇 가지 실험을 추가로 진행하였다. 그 결과, 다른 사람의 행동을 보는 것만으로도 자신이 똑같은 행동을 하는 것처럼 공감을 불러일으키는 세포가 인간의 뇌 속에 있다고 결론지으며 그것을 '거울 뉴런'이라 불렀다.

다른 사람이 웃거나 우는 모습을 볼 때, 거울 뉴런은 우리 자신이 웃거나 우는 것과 똑같이 반응한다. 다른 사람이 하품을 할 때 무의식적으로 따라 하는 것도 거울 뉴런의 반응 때문이라고 한다. 인간관계에서 타인에 대한 감정이입과 공감이 가능한 것도 바로 거울 뉴런의 존재 때문이다.

스웨덴 웁살라 대학교의 울프 딤베리(Ulf Dimberg) 교수는 실험을 통해 공감 현상을 증명했다. 그는 실험참가자들의 얼굴에 전자장치를 부착한 후, 화면을 통해 모르는 사람의 얼굴 사진을 0.5초 동안 보여주고 반응을 조사했다.

실험에 참가한 사람들은 화면에서 보게 되는 표정과 상관없이 어떠한 반응도 나타내지 말고 무표정하게 있도록 요구받았다. 실험 결과, 화면에 나타난 사진의 얼굴이 무표정했을 때는 실험참가자들의 얼굴에도 아무런 표정의 변화가 없었다. 반면에 웃는 표정의 얼굴을 본 실험참가자들은 호감이나 웃음에 반응하는 근육을 움직였고, 화가 난 얼굴 표정을 본 실험참가자들은 걱정과 분노에 반응하는 근육을 움직였다.

영국 런던 대학교 신경학연구소 타니아 싱어 박사팀은 자신의 연인이 고통받는다는 사실을 아는 것만으로도 뇌의 고통 관련 부위가 반응한다는 점을 밝혀냈다. 연인 관계에 있는 남녀 한 쌍을 같은 방에 두고 남성의 손등에 1초간의 전기충격을 가하면서 여성의 뇌를 관찰하였다. 실험 결과 남성이 고통스러운 충격을 받으면 여성의 뇌에서도 자신이 고통받을 때와 똑같은 부위가 활발하게 반응했다. 단순히 연인의 고통을 보는 것만으로도 감정이입의 반응을 일으킨 것이다.

그런데 공감력은 사람과 상황에 따라 달라진다. 미국 하버드 대학교 하워드 가드너 교수는 다중지능이론을 통해 사람에게는 음악지능, 신체운동지능, 논리수학지능, 언어지능, 공간지능, 인간친화지능, 자기성찰지능, 자연친화지능, 실존지능 등이 존재한다고 말했다. 그리고 각각의 지능은 사람에 따라 서로 다르게 나타난다고 주장했다.

여기서 말하는 인간친화지능은 대인관계지능으로도 불리며 다른 사람들과 잘 어울리는 사교적 능력을 의미한다. 사교적 능력에는 자신의 생각과 감정을 타인에게 잘 전달할 수 있는 능력, 타인의 생각과 감정을 잘 파악할 수 있는 능력이 포함된다. 후자의 능력이 우리가 지금 다루고 있는 공감 능력이다. 타인의 눈빛과 표정, 몸동작, 말투, 단어와 문장 표현 등을 통해 상대방의 생각과 감정을 정확하게 파악하는 능력을 의미한다.

학자들의 연구에 의하면 세 살 미만의 어린아이에게는 '공감 능력'이 없는 것으로 알려져 있다. 다른 사람의 마음을 헤아리는 사회적 뇌의 기능이 아직 발달하지 않았기 때문이다. 사회성을 좌우하는 뇌 기능은 전전두엽의 일부인 안와전두엽, 전측대상, 편도핵 등에서 이뤄지는데 이곳에서 다른 사람들의 말과 행동을 인지하여 거기에 수반된 감정을 읽고 적절한 사회적 행동을 하게 된다. 사회적 뇌는 세 살부터 일곱 살까지 가장 많이 성장하며 그 이후에는 거의 발달되지 않기 때문에 성인의 경우 공감력을 향상하려면 각별한 노력이 필요하다.

미국 텍사스 대학교 윌리엄 이케스 교수는 타인의 생각과 감정을 추측해 내는 정도를 '공감정확도'(empathic accuracy)라고 명칭하였다. 그리고 공감정확도에 결정적인 기여를 하는 것은 상대방에 대한 '사전 정보의 양'이라 설명하였다.

흔히 오래된 친구, 직장 동료, 부부 관계에서는 서로에 대해 알고 있는 정보가 많기 때문에 공감정확도가 높을 것이라 판단할 수 있다. 그런데 이런 생각과는 정반대로 부부들의 공감정확도가 일반적인 대인관계보다 낮다는 실험 결과가 발표되었다.

뉴질랜드 심리학자 지오프 토머스는 캔터베리 지역에 살고 있는 부부들을 초청해 대화를 나누게 하고 그 과정을 녹화하였다. 그 결과, 결혼 기간이 길수록 공감정확도가 떨어진다는 사실을 발견했다. 결혼생활을 오래한 부부들은 최근에 결혼한 부부들보다 배우자의 생각과 감정을 정확하게 추측하지 못했다.

1981년 사회심리학자 클리퍼스 스웬슨은 결혼한 지 오래된 부부일수록 서로를 더 모르며, 서로의 감정, 태도, 그리고 좋아하는 것과 싫어하는 것을 예측하는 정도가 떨어진다는 논문을 발표하였다. 심리학자들은 이런 현상이 벌어지는 이유에 대해 다음과 같이 설명하고 있다.

오래된 부부들은 상대방의 생각과 감정을 진정으로 헤아리려 노력하기보다는, 상대방에 대한 고정관념에 근거해 잘못 이해한다. 게다가 결혼생활이 지속되면서 부부는 계속 변하지만 의사소통은 점점 줄어든다. 결국 상대방에 대한 정확한 정보의 양은 줄고, 결혼 초기에 형성된 고정관념에 따라 상대방을 판단한다는 것이다.

이처럼 공감력은 선천적 요인과 후천적 노력에 의해 달라진다. 태어날 때부터 뛰어난 공감력을 지니고 있는 사람은 다행스러운 일이지만 그렇지 못한 사람은 지속적인 노력을 통해 공감력을 향상시켜야 한다. 그러나 다른 사람의 생각과 감정을 공감한다는 것은 결코 쉽지 않은 일이다.

말과 행동을 통해 표현되는 생각은 일정 부분 파악이 가능하지만, 겉으로 드러내지 않는 감정은 인지하기조차 불가능하다. "대인기술은 학습을 통해 획득된다."라는 미국 사회학자 마이컬슨(Michelson)의 말을 명심하고 체계적인 훈련을 통해 공감력을 향상시켜야 한다. 어떻게 하면 좋은지 차차 살펴보기로 하고, 먼저 자신의 공감 능력이 어느 정도 수준인지 뒤쪽의 체크리스트를 통해 점검해 보자.

공감력 체크리스트

　인간관계는 커뮤니케이션 관계이며 커뮤니케이션의 핵심은 공감 형성이다. 공감 능력이 뛰어난 사람은 누구와도 쉽게 친밀한 관계를 형성하며 성공과 행복을 손안에 넣을 수 있다. 아래 항목을 읽고 자신에게 해당되면 괄호 안에 'O'를 표시하라.

1. 나는 상대방의 이야기에 주의를 기울여 집중한다. · · (　)
2. 나는 고정관념을 갖지 않고 개방적인 마음으로
　경청한다. · · · · · · · · · · · · · · · · · · · (　)
3. 나는 상대방의 입장과 관점에서 이해한다. · · · · · (　)
4. 나는 겉으로 표현되지 않는 상대방의 생각, 감정을
　헤아린다. · · · · · · · · · · · · · · · · · · (　)
5. 나는 눈 맞춤을 통해 상대방의 생각, 감정을 포착한다. (　)
6. 나는 상대방의 몸동작을 살피며 비언어적 메시지를
　파악한다. · · · · · · · · · · · · · · · · · · (　)

7. 나는 고갯짓을 통해 상대방의 자기공개를 촉진한다. · (　)

8. 나는 몸기울이기, 손짓, 팔짓 등을 통해 상대방의
　자기공개를 촉진시킨다. · · · · · · · · · · · · (　)

9. 나는 추임새를 통해 상대방의 자기공개를 촉진한다. · (　)

10. 나는 요약, 부연, 질문을 통해 상대방의 생각과 감정을
　　공감하려 노력한다. · · · · · · · · · · · · · (　)

（해 설）

8개 이상의 항목에 해당되면 높은 공감대를 형성할 수 있다. 여기에 해당되는 사람은 9~10번 항목에 관심을 갖고 노력하면 된다. 4~7개 사이의 항목에 해당되면 중간 단계의 공감대를 형성할 수 있다. 여기에 해당되는 사람은 5~8번 항목의 경청 스킬을 연습하는 것이 바람직하다. 3개 이하의 항목에 해당되면 공감대 형성 능력이 매우 미약한 수준이다. 여기에 해당되는 사람은 공감의 중요성을 분명하게 인식하고 1~3번 항목에 더욱 많은 노력을 기울여야 한다.

제 2 장

경청은 공감의 필요충분조건

침묵은 가장 뛰어난 공감 커뮤니케이션이다

2011년 애리조나주 총기 사건으로 억울하게 죽은 희생자들을 기리는 추모식에서 오바마 대통령은 침묵으로 연설을 대신하였다. 그는 분노와 슬픔의 감정을 토로하는 대신, 51초 동안 아무런 말없이 침묵을 지킴으로써 자신이 느끼고 있는 감정을 보다 효과적으로 드러내었고, 국민들과 깊은 공감대를 형성하였다. 이를 지켜 본 미국 국민들의 마음속에는 오바마에 대한 신뢰가 한층 강하게 자리 잡았으며, 아이러니하게도 오바마의 '51초 침묵'은 명연설로 평가받고 있다.

프랑스 국립과학연구소의 언어학자 다니엘 뒤에즈는 '연설 사이사이의 침묵이 미사여구보다 중요하게 작용한다'고 주장했는데 오바마의 연설을 통해 침묵이 열변보다 강력하다는 사실이 입증된 셈이다.

경청을 가로막는 가장 큰 장애물은 다른 사람의 이야기를 듣지 않고 자신의 생각만 이야기하는 것이다. 따라서 침묵을 지킬 줄 아는 사람만이 능숙한 경청자가 될 수 있고, 성공적인 대화를 할 수 있다. 또한 침묵은 가장 뛰어난 공감 커뮤니케이션이다. 우리는 섣부른 이해와 위로의 말보다는 경건한 침묵을 통해 타인의 감정에 가깝게 다가갈 수 있다.

폴. W. 스웨츠 박사의 『사람들이 경청하도록 만드는 기술』에 보면 자식을 잃어버린 슬픔에 잔긴 조 베일리라는 사람의 독백이 소개된다.

"나는 비통함에 가슴이 찢겨 주저앉아 있었다. 누군가 내게 다가와 이런 일이 일어난 것은 하나님만이 알고 계시는 계획이라며 내세의 희망에 대해 말해 주었다. 그는 쉬지 않고 지껄였다. 그는 내가 이미 알고 있는 사실들을 떠들어댔다. 내 마음은 달라질 것이 없었다. 그가 가 버렸으면 하는 생각만 들 뿐. 그는 결국 가 버렸다.

또 한 사람이 내 곁에 다가와 앉았다. 그는 아무 말도 하지 않았다. 그는 내게 말을 걸기 위한 질문들을 하지 않았다. 그는 단지 한 시간이 넘게 내 옆에 앉아 내가 하는 말들을 들어주고 짤막한 대답과 기도를 해 준 뒤에 내 곁을 떠났다. 그러자 변화가 일어났다. 나의 마음은 편안해졌다. 그를 보낸 것이 못내 아쉬웠다."

사실 이런 사례는 우리도 실제 현실에서 많이 경험하는 일들이다. 어떤 슬픔이나 고통에 잠겨 있을 때, 우리의 감정을 잘 이해하지도 못하면서 서투른 위로의 말을 늘어놓는 사람들이 얼마나 많았던가! 물론 그들의 의도는 선한 것이었지만 그들이 건네는 조언은 아무런 효과가 없었으며 오히려 고독함과 쓸쓸함만 더해 줄 뿐이었다. 차라리 아무 말 없이 내 곁에 앉아, 그저 따뜻한 눈빛으로 바라봐 준 사람들이 더 큰 위로가 되었던 경험을 우리는 기억하고 있다. 그런데 이런 사실을 잘 알고 있으면서도 똑같은 실수를 반복하는 것은 큰 문제가 아닐 수 없다.

남북전쟁이 정점으로 치닫을 무렵, 링컨 대통령은 고향 스프링필드에 있는 친구에게 한 통의 편지를 보냈다. 거기에는 중요한 이야기가 있으니 꼭 워싱턴으로 찾아와 달라는 내용이 적혀 있었다. 편지를 받은 친구는 즉시 링컨을 방문했다. 친구를 맞은 링컨은 노예해방의 정당성과 필요성에 대한 자신의 견해를 수 시간에 걸쳐 장황하게 설명했다.

그 다음에는 여러 종류의 신문과 잡지 기사를 읽어 주며 찬성하는 사람들의 의견과 반대하는 사람들의 의견을 비교 설명하고, 신문의 사설을 친구에게 읽어 주었다. 어떤 것은 링컨을 지지하는 내용이었고, 어떤 것은 링컨을 반대하는 내용이었다.

때로는 고무된 표정으로, 때로는 의기소침한 표정으로 링컨은 밤새도록 자신의 생각을 털어놓았다. 그러고는 새벽 무렵이 되자 아무런 의견도 물어보지 않은 채 친구와 악수를 나누고 헤어졌다. 고향으로 돌아온 친구는 사람들에게 말했다. "대화를 마친 링컨은 마음속이 무척 편안해진 듯 보였습니다."

미국 역사상 가장 위대한 대통령이었던 링컨조차도 그저 아무 말 없이 자신의 이야기를 경청해 줄 사람이 필요했던 것이다. 이처럼 고통과 불행으로 상처받을 때, 그 마음을 달래 줄 수 있는 사람은 쓸데없는 지식을 자랑하는 수다쟁이가 아니라 묵묵히 침묵을 지킬 줄 아는 경청자인 것이다. 따라서 우리는 말만 번지르르하게 잘하는 대화법만 연습할 게 아니라 침묵의 대화법도 열심히 훈련해야 한다.

가톨릭에 묵상기도(meditation, 默想祈禱)가 있는데 말없이 마음속으로 기도를 드리는 것이다. 이와 비슷하게 불교에는 묵언수행(默言修行)이 있는데 일체 말을 하지 않는 참선법이다. 6세기경 중국에서 활동하던 달마선사는 소림사에서 벽을 바라보며 9년 동안 묵언수행을 한 것으로 전해진다.

몇 년 전, 미국 뉴저지 주에 사는 브랫 반페라는 사람이 1년 동안 말을 한 마디도 안 하고 사는 실험에 도전해 화제가 된 적이 있다. 그는 "나처럼 수개월 동안이 아니라 단 하루만이라도 말을 하지 않고 지내는 날로 정한다면 정말 새로운 경험이 될 것이며 스스로 잊고 살아왔던 자신의 잠재된 모습과 진정으로 대화를 나눌 수 있다."라고 말했다.

이 정도까지는 아니더라도 우리 역시 때때로 입을 닫고 자신의 내면의 목소리, 그리고 타인의 마음속 이야기에 귀 기울일 필요가 있다. 웅변은 은이요, 침묵은 금이라는 말처럼 커뮤니케이션에서 가장 중요한 가치를 발하는 것은 침묵이기 때문이다.

미국 심리학자 클라크 무스타카스(Clark Moustakas)의 시를 통해 침묵으로 소통하고, 침묵으로 공감하는 방법을 배워 보자.

침묵의 소리

존재의 언어로 만나자.
부딪침과 느낌과 직감의 언어로.

나는 그대를 정의하거나 분류할 필요가 없다.
그대를 겉으로만 알고 싶지 않기에.
침묵 속에서 나의 마음은
그대의 아름다움을 비춘다.
그것만으로도 충분하다.

소유의 욕망을 넘어
그대를 만나고 싶은 그 마음.
그 마음은
있는 그대로의 우리를 허용해 준다.

함께 흘러가거나 홀로 머물거나 자유다.

나는 시간과 공존을 초월해

그대를 느낄 수 있으므로.

경청의 네 가지 단계

래리 킹(Larry King)이라는 예명으로 더 잘 알려진, 로렌스 하비 자이거(Lawrence Harvey Zeiger)는 미국의 저명한 언론인이자 베스트셀러의 저자이며 다수의 텔레비전과 라디오 프로그램을 진행하고 있다. "신(神) 빼곤 모두 인터뷰"라는 말은 그의 화려한 경력과 존재감을 일깨워 주고 있다.

〈래리 킹 라이브 쇼〉는 전 세계 2백10여 개국, 1억 5천만 가정이 시청하며, 래리 킹은 자신만의 독특한 스타일로 출연자들로부터 진솔한 이야기를 끌어내고 있다. 클린턴, 오바마 등 역대 미국 대통령부터 권투 선수 마이크 타이슨, 토니 블레어 전 영국 총리, 마이크로소프트 명예회장 빌 게이츠, 가수 레이디 가가 등 다양한 분야의 저명인사들이 그의 토크쇼에 출연했다.

래리 킹은 사전에 인터뷰 질문을 준비하지 않는 것으로 유명한데 "내가 한 일은 짧고 간결한 질문을 건넨 것뿐이며 인터뷰 대상자가 스스로 말할 수 있도록 유도했다."라고 자신의 인터뷰 비법을 소개했다. 래리 킹은 자신의 저서 『대화의 법칙』에서 '말 잘하는 사람들의 8가지 공통점'을 다음과 같이 설명했다.

1. 누구에게나 익숙한 주제라도 새로운 시각을 가지고 사물을 다른 관점에서 바라본다.
2. 폭넓은 시야를 가지고 일상의 다양한 논점과 경험에 대해 생각하고 말한다.
3. 열정적으로 자신의 일을 설명한다.
4. 언제나 자기 자신에 대해서만 말하려 하지 않는다.
5. 호기심이 많아 좀 더 알고 싶은 일에 대해서는 '왜?'라는 질문을 던진다.
6. 상대에게 공감을 나타내고 상대의 입장이 되어 말할 줄 안다.
7. 유머감각이 있어 자신에 대한 농담도 꺼려하지 않는다.
8. 말하는 데 자기만의 스타일이 있다.

래리 킹은 평소 "대화의 제1 규칙은 경청이다. 당신이 타인의 말에 귀 기울이지 않으면 그들도 당신의 말에 귀 기울이지 않는다."라는 말로 경청의 중요성을 강조하였다. 한 번은 인터뷰 비결을 묻는 기자의 질문에 이렇게 대답했다.

"기자들은 보통 화재 현장에 취재를 나가면 소방관들을 붙잡고 화재 원인, 화재 발생 시각, 화재 진화 예상 시간 등에 대한 질문부터 쏟아 내지만 나는 소방관에게 다가가 그의 어깨를 두드려 주며 '이렇게 위험하고 힘든 곳에서 고생이 많군요.'라는 말부터 들려준다. 상대방의 입장을 공감할 줄 알아야 그 사람의 속마음을 이끌어 낼 수 있다."

대학 교육도 받지 못했고, 주급 55달러짜리 토크쇼 진행자로 출발한 래리 킹이 세계에서 가장 영향력 있는 대담자로 성공한 것은 공감의 중요성을 깨닫고 직접 실천했기 때문이다.

듣기를 나타내는 영어 단어에는 '히어링(hearing)'과 '리스닝(listening)'이 있는데 두 가지는 서로 다른 의미를 지닌다. '귀의 아인슈타인'으로 불리는 프랑스 의학자 알프레 토마티(Alfred Tomatis)는 "히어링은 귀에 들려오는 소리를 듣고 무심히 흘려보내는 수동적 듣기이고, 리스닝은 의식을 집중해 정보를 모은 뒤 이를 분석해 뇌로 보내는 능동적 듣기"라고 설명했다.

그는 태아도 소리를 들을 수 있으며, 아이들의 언어 발달은 엄마 배 속에 있을 때 엄마의 목소리를 듣는 것에서부터 시작된다고 주장하였다. 또한 경청은 수동적 히어링이 아니라 능동적 리스닝이 더욱 중요하다고 강조하였다. 일반적으로 경청은 다음과 같은 네 가지 단계로 구분할 수 있다.

배우자 경청

배우자 경청(Spouse Listening)은 가장 낮은 단계의 경청으로 히어링에 가까운 수준이다. 결혼한 부부간의 대화에서 가장 많이 관찰되기 때문에 배우자 경청이라 이름 붙여졌다. 배우자 경청은 겉으로도 내면으로도 전혀 듣지 않으며 심지어는 상대방의 말을 가로막기까지 한다. 가정에서 신문이나 TV를 볼 때 "조용히 해.", "나중에 말해."와 같은 말들이 그런 유형이다. 배우자 경청은 부부 관계뿐만이 아니라 자녀와의 관계, 친구 관계, 직장에서도 자주 나타난다. 올바른 소통과 공감을 위해서는 배우자 경청을 하지 않도록 주의해야 한다.

수동적 경청

수동적 경청(Passive Listening)이란 상대에게 주의를 기울이거나 공감을 나타내지 않고 그저 상대방이 말하도록 가만히 내버려 두는 것이다. 보통 아내들이 말을 하고 남편들은 묵묵히 듣기만 하는 경우가 많은데 이런 듣기가 수동적 경청에 해당된다. 말을 가로막지 않는다는 차원에서는 배우자 경청보다 낫지만 말하는 사람의 대화 의욕을 저하시키기 때문에 소통과 공감을 가로막는다.

적극적 경청

적극적 경청(Active Listening)은 말하는 사람의 얼굴을 바라보며 대화 내용에 따라 적절한 반응을 표현해 주는 것이다. 상대방과 눈을 맞추고, 고개를 끄덕이며, 몸을 앞으로 기울여 관심을 나타내고 "정말?" "맞아!" "그래서?"와 같은 추임새를 통해 상대방의 말을 촉진시켜 주는 경청법이다. 적극적 경청이 이뤄지면 원활한 소통과 공감이 가능해진다.

맥락적 경청

맥락적 경청(Contextual Listening)은 경청의 최고 단계에 해당된다. 상대방의 의도·감정·배경처럼 말하지 않은 부분까지 포함해 전체적인 맥락을 파악하며 듣는 것이다. 피터 드러커는 "의사소통에서 제일 중요한 것은 상대방이 말하지 않은 소리를 듣는 것이다."라고 말했다. 맥락적 경청이 바로 상대방이 말하지 않은 소리까지 듣는 경청법에 해당된다.

앞에서 말한 네 가지 단계의 경청을 사례를 통해 살펴보면 다음과 같다. 아침에 출근하는 남편에게 아내가 질문을 건넸을 때 나타나는 경청 유형이다.

"다음 주에 아버님 생신이잖아요? 오늘 백화점에 가서 선물 살까 하는데 뭐가 좋을까? 선물 고르기 정말 피곤해."

- 배우자 경청 : "지금 출근하잖아. 나중에 말해!"
- 소극적 경청 : "당신이 잘 알아서 골라 봐"
- 적극적 경청 : "글쎄, 뭐가 좋을까? 건강식품도 좋을 것 같은데, 당신 생각은 어때?"
- 맥락적 경청 : "선물 고르기 진짜 힘들지. 생활비도 적을 텐데 무리하지 말고 적당한 가격에서 골라 봐. 저녁에 일찍 퇴근해서 함께 알아볼까?"

배우자 경청은 아내의 말을 가로막고, 소극적 경청은 무관심과 방관으로 일관한다. 적극적 경청은 겉으로 드러난 말의 내용에 집중해 어떤 선물이 좋을지에 대해 초점을 맞춘다. 반면에 맥락적 경청은 적당한 선물을 찾아보는 일에 대한 피곤함, 금전적인 부담감 등 아내의 감정과 의도를 헤아리고 따뜻한 말로 위로해 준다.

이렇게 단순한 대화에서도 맥락적 경청이 이뤄져야 화목한 가정생활을 이룰 수 있다. 실제로 가정상담학에 종사하는 전문가들은 이렇게 말하고 있다. "상담을 받기 위해 찾아오는 부부들은 배우자가 자신의 이야기를 경청해 주는 것만으로도 문제의 반 이상은 해결된 느낌을 갖게 된다."

유명한 청교도이자 『상한 양심의 위로서』(A Treatise on Comforting Afflicted Consciences)라는 책을 저술한 로버트 볼턴(Robert Bolton)

은 "경청이란 어떤 사람이 말하는 내용을 듣고, 그 사람에게 관심 (involvement)을 갖는 일련의 행위"라고 설명하였다. 그의 말처럼 경청은 듣는 것에서 끝나는 것이 아니라 상대방의 생각과 감정, 처해 있는 입장 등에 대해 관심을 갖는 일련의 과정이라 생각해야 한다. 당신은 지금 어떤 단계의 경청 수준을 나타내고 있는지 점검해 보고 맥락적 경청을 할 수 있도록 적극 노력해 보자.

경청 능력 체크리스트

아래 항목을 읽고 자신의 경청 스타일을 설명하는 내용에 'O'를 표시하시오.

나는 대화 중에 _____.

1. 상대방의 얼굴을 바라보며 눈 맞춤을 교환한다. · · · (   )
2. 상대방의 말을 들으며 고갯짓을 끄덕인다. · · · · · (   )
3. 상대방의 대화 내용에 따라 적절한 표정을 짓는다. · · (   )

4. 상대방을 향해 몸을 기울이며 관심 있는 태도,

   자세를 유지한다. · · · · · · · · · · · (   )

5. 상대방의 목소리 변화에 주의를 기울인다. · · · · · (   )

6. 상대방의 표정과 몸동작 등 비언어 메시지에 주의를

   기울인다. · · · · · · · · · · · · · · (   )

7. 상대방의 말에 맞장구를 넣어 준다. · · · · · · · (   )

8. 상대방의 말을 요약, 반복, 질문하여 의사 표현을

   촉진한다. · · · · · · · · · · · · · · (   )

9. 상대방의 말에 지지, 인정, 격려의 말로 반응을

   나타내 준다. · · · · · · · · · · · · · (   )

10. 상대방이 대화 시간의 70% 이상을 말하도록

   만들어 준다. · · · · · · · · · · · · · (   )

(해설)

1. O의 개수가 8개 이상

경청 능력이 매우 우수하다. 지지, 인정, 격려 등을 통해 상대방의 생각과 감정에 적극적인 반응을 나타내 주면 더욱 좋은 대화를 만들 수 있다.

2. O의 개수가 5~7개 사이

경청 능력이 보통이다. 다른 사람과 대화할 때는 상대방의 목소리 변화와 보디랭귀지에 관심을 갖고 관찰해야 한다. 아울러 적절한 맞장구와 질문을 통해 상대방의 의사 표현을 촉진하여 주는 것이 중요하다.

3. O의 개수가 4개 이하

경청 능력이 미흡하다. 열 가지 항목 중에 자신에게 해당되지 않는 내용이 무엇인지 살펴보고 경청 스타일을 고쳐야 한다. 가장 먼저 노력해야 할 사항은 적절한 눈 맞춤, 고갯짓, 표정이다. 다른 사람과 대화할 때는 상대방의 눈을 바라보고, 고개를 끄덕거리며 대화 내용에 적합한 표정을 유지해야 한다.

자신의 내면의 목소리를 경청하라

19세기 미국 시인 월트 휘트먼(Walt Whitman)이 친구와 함께 산책을 하던 중 낯선 사람을 만나 대화를 나누게 되었다. 그런데 20분 동안이나 휘트먼이 혼자 떠드는 동안 상대방은 아무런 말도 하지 않고 가만히 듣고만 있었다. 이윽고 그 사람과 헤어진 휘트먼은 친구를 바라보며 말했다.

"저 사람은 참 머리가 좋군."

깜짝 놀란 친구가 휘트먼에게 물었다.

"자네가 그걸 어떻게 알 수 있나? 그 사람은 한 마디도 말을 안 했는데 ……."

"물론 아무 말도 안 했지만 그 사람은 내 이야기를 잘 들어주었어. 머리가 좋은 사람이 아니라면 그럴 수 없는 일이지."

칭기즈칸은 "경청이 나를 가르쳤다."라고 말했다. 월트 휘트먼의 일화를 보면 침묵을 지키는 것만으로도 현명한 사람이라는 평가를 받을 수 있으니 경청은 참으로 위대한 일이 아닐 수 없다. 실제로 휘트먼은 "이제 난 아무것도 하지 않고 듣기만 하련다. 섞이고, 합치고, 뭉치고, 뒤따르는, 도시의, 도시 밖의 낮과 밤의 모든 소리를"이라고 노래하며 경청의 중요성을 강조하였다.

커뮤니케이션에서 경청을 잘하려면 다음과 같이 노력해야 한다.

첫째, 경청을 결심하라.

경청을 위해서는 먼저 경청하겠다는 결심이 필요하다. 다른 사람들의 말을 집중해서 듣겠다는 의지가 없기 때문에 경청이 되질 않는 것이다. 언제 어디서, 누구와 대화를 나누든지 상대방의 말을 경청하겠다고 다짐하라.

둘째, 열린 마음으로 들어라.

사람들은 고정관념과 편견, 선입관에 사로잡혀 있으며 이런 요소들은 경청을 방해하는 원인이 된다. 누군가의 이야기를 들을 때는 색안경을 끼지 말고 열린 마음으로 들어라.

셋째, 상체를 기울여라.

관심 있거나 재밌는 이야기에는 자동적으로 몸이 기울어진다. 상체를 앞으로 기울이면 관심의 표현이 되어 상대방의 이야기를 촉진하여 준다. 또한 상대방의 작은 목소리도 놓치지 않고 들을 수 있다. 대화 중에는 최대한 상대방을 향해 몸을 기울여라.

넷째, 상대방을 주시하라.

경청은 귀뿐만 아니라 눈으로 하는 경청도 중요하다. 대화 중에는 상대방의 표정과 태도, 자세, 몸동작을 살피며 내면의 생각과 감정을 헤아려야 한다.

다섯째, 눈을 마주쳐라.

눈은 가장 진실한 대화를 주고받을 수 있으며, 가장 빠르게 공감대가 형성되는 커뮤니케이션 채널이다. 대화 중에는 지속적인 눈 맞춤을 통해 상대방의 눈빛이 말하는 내용을 경청해야 한다.

여섯째, 고개를 끄덕거려 주라.

고갯짓은 동의와 지지, 관심과 공감의 표시가 되며 상대방의 이야기를 촉진하여 준다. 대화 중에는 적절한 고갯짓을 하며 상대방의 말을 경청해야 한다.

일곱째, 몸동작으로 반응을 나타내라.

대화는 듣는 사람의 반응에 따라 즐겁기도 하고 흥미가 사라지기도 한다. 적절한 손짓, 팔짓, 보디랭귀지를 통해 상대방의 이야기에 반응을 나타내라.

여덟째, 상대방의 말을 반복, 요약하라.

상대방의 말을 반복하거나 요약하는 것은 관심과 경청의 증거가 되며, 상대방의 말에 담긴 의미를 파악하는 데 도움을 준다. 대화 중에는 상대방이 말하는 단어나 문장을 반복, 또는 요약하라.

아홉째, 질문을 하라.

질문은 상대방의 말을 올바르게 이해하는 가장 좋은 방법이다. 대화 중에 적절한 질문을 통해 상대방의 생각, 의도를 확인하라.

열째, 공감대를 형성하라.

경청의 궁극적인 목적은 상호 간의 공감 형성이다. 대화 중에는 상대방의 생각과 감정, 처해 있는 입장과 상황을 헤아리고 상대방과 함께 공감을 형성하라.

이 외에 중요한 사항이 한 가지 더 남아 있다. 바로 자신의 내면의 목소리를 경청하는 것이다. 사람의 자아는 타인으로부터의 인정과 칭찬에 굶주려 있다. 때문에 이러한 욕구를 해소하지 못하면 자신의 문제에서 벗어나 타인의 말을 경청하기가 어려워진다.

먼저 자기 자신에게 질문해 보라. "왜 나는 다른 사람의 이야기를 귀담아듣지 못하는 걸까?", "내 마음을 이해해 주는 사람을 만난다면 나는 무엇에 대해 말하고 싶을까?" 그리곤 내면의 자아가 말하는 소리를 귀담아 경청해 보라. 스스로 하고 싶은 이야기를 충분히 했다고 느낄 때, 비로소 우리는 타인의 말에 경청할 수 있다. 자신의 내면의 목소리를 경청하는 것, 그것이 바로 타인의 말을 경청하는 지름길이다.

지속적인 눈 맞춤을 통해 경청하라

경청의 중요성에 대해서는 모든 사람들이 동의를 나타낸다. 그렇지만 실제 생활에서 경청이 잘 지켜지지 않는 이유는 그만큼 다른 사람의 이야기를 집중해서 듣는 일이 어렵다는 사실을 반증한다. 따라서 경청은 하루아침에 가능하지 않다는 사실을 인정해야 한다. 오히려 고도의 집중력과 스킬이 필요하다는 사실을 인식하고 꾸준하게 연습해야 한다.

가장 먼저 훈련해야 할 것은 눈으로 듣는 경청이다. 귀는 우리 마음대로 조절할 수 없는 신체 부위인 반면 눈은 우리가 생각하는 대로 자유롭게 움직일 수 있다. 대화 중에 눈으로 듣는 경청이 버릇이 되면 귀로 듣는 경청도 자연스럽게 이뤄지지만, 눈으로 듣는 경청이 안 되면 귀로 듣는 경청도 불가능해진다. 따라서 경청의 첫걸음은 눈으로 듣는 경청에서 출발해야 한다.

특히 눈빛에는 사람의 속마음이 담겨져 있다. 진심으로 경청하는지, 아니면 그저 듣는 척만 하고 있는 것인지는 눈빛만 보면 알 수 있다. 호감이 있는지, 또는 반감을 갖고 있는지도 모두 눈빛에 쓰여 있다. 1970년대 중반, 가수 권태수가 부른 〈눈으로 말해요〉라는 노래가 있다.

눈으로 말해요 살짝이 말해요.
남들이 알지 못 하도록 눈으로 말해요.
사랑은 눈으로, 눈으로 한데요.

남들이 알까 부끄러워 눈으로 한데요

진실한 사랑은 눈으로 한데요.

그 검은 두 눈은 거짓말을 못해요 .

눈으로 말해요 살짝이 말해요.

남들이 알지 못하도록 눈으로 말해요.

　노래에서 나오듯이 사람은 입으로만 말하는 것이 아니라 눈으로도 말하며, 다른 사람의 생각을 귀가 아닌 눈으로 듣는다. 실제로 눈은 입과 귀보다도 진실하고 공감을 형성하는 데도 더욱 효과적이다.

　영국-이탈리아 공동 연구팀은 생후 2~5일의 신생아에게 시선을 피한 얼굴 사진과 직시하는 얼굴 사진을 각각 보여주었다. 그 결과, 사진에 따라 서로 다른 반응이 나타났다. 신생아들은 눈 맞춤을 할 수 있는 직시 얼굴 사진을 다른 얼굴 사진보다 더 오래 바라보았고, 시선도 똑바로 앞을 향했다. 실제 사람이 아닌 사진 속 얼굴과도 눈 맞춤을 통해 공감을 나누려는 행동을 나타낸 것이다.

　미국 심리학자 자크 루빈 교수는 '루빈의 저울'이라는 용어를 만들었다. 대화를 나누는 동안 상대방의 눈을 쳐다보는 시간을 측정해, 사랑하는 정도를 객관적으로 확인할 수 있다는 것이다. 루빈 교수는 몰래카메라를 설치해 놓고 연인들이 대화를 나누면서 얼마나 눈을 맞추는지를 측정하였다. 그 결과 오랫동안 눈을 쳐다보는 커플일수록 애정 설문에서 높은 수치가 나오는 것으로 밝혀졌다. 사랑하는 사람에게는 눈 맞춤을 통해 친밀감을 전달하려는 행동이 두드러지기 때문이다.

1989년 미국의 심리학자 캘러먼과 연구팀은 생면부지의 남녀 48명을 대상으로 실험하였다. 먼저 한 그룹에게는 상대방의 눈을 2분 동안 바라보도록 지시하고, 다른 한 그룹에게는 특별한 지시를 내리지 않았다. 실험 결과에 의하면, 2분 동안 낯선 상대의 눈을 바라본 남녀는 '서로에 대해 호감이 늘었다'고 답변했다. 눈 맞춤은 호감을 전달하며 공감과 친밀감을 형성하는 대표적인 방법이다.

따라서 대화 중에는 지속적으로 눈 맞춤을 교환하는 것이 바람직하다. 눈 맞춤은 70~80%가 적당하고 그 이상은 공격적으로 보인다는 주장이 있다. 그렇지만 반드시 올바른 설명은 아니다. 사랑에 빠진 연인들은 100% 눈을 마주보지만 전혀 공격적으로 보이지 않는다. 오히려 더욱 뜨거운 사랑의 감정을 느낄 뿐이다.

이처럼 상대방을 어떤 마음, 어떤 눈빛으로 바라보느냐가 중요할 뿐이다. 적대적이거나 차가운 눈빛, 불안감이나 경계심에 사로잡힌 눈빛으로 본다면 상대방 역시 부담감이나 불쾌감이 형성될 것이다. 반대로 호감 어린 따뜻한 눈빛으로 바라본다면 강한 친밀감과 공감을 형성할 수 있다. 이와 관련된 흥미로운 조사 결과가 하나 존재한다.

영국 신문 텔레그래프에서 소개한 실험에 의하면 남성은 처음 만난 여성에게 시선을 오래 맞출수록 상대방에게 더 많은 관심을 갖고 있는 것이란 결과가 밝혀졌다. 연구진은 몰래카메라가 설치된 방에서 115명의 학생을 여자 배우와 일대일로 대화를 나누게 하였다. 그리곤 그들의 눈동자 움직임을 면밀히 관찰한 뒤 상대방의 매력도를 묻는 방식으로 실험을 진행하였다.

그 결과 상대 여배우가 예쁘다고 응답한 남학생들은 평균 8.2초 동안 여배우의 눈을 응시했으며, 덜 매력적이라고 느낀 남학생들은 4.5초 만에 눈 맞춤을 중단했다. 만일 눈을 맞춘 시간이 8.2초를 넘었다면, 그는 이미 사랑에 빠졌을 수도 있다고 연구진은 설명했다.

이와 같이 상대방에 대한 호감과 애정이 강할수록 눈 맞춤은 길어지기 마련이다. 물론 처음 만난 사람, 또는 아직 친숙해지지 않은 사람과의 눈 맞춤은 쉽지 않으며 어색함이 느껴진다. 따라서 굳이 100% 눈을 마주치려 애쓰기 보다는 상대방의 눈과 입을 번갈아 가며 보거나 또는 미간을 바라보면 된다.

눈 맞춤의 중요성에도 불구하고 실제로 적절한 눈 맞춤을 나누며 경청하는 사람은 그리 많지 않다. 사실 부적절한 눈 맞춤은 타인과의 상호작용에 큰 장애요인이 된다.

미국 데이비스 캘리포니아 대학 정신-행동과학교수 샐리 오조노프(Sally Ozonoff) 박사는 신생아를 대상으로 연구하였다. 그 결과, 생후

1년이 되면 정상적인 아이는 웃음, 옹알이, 눈 맞춤 등을 통한 의사소통이 늘어나는 반면 자폐아는 점점 줄어들기 시작한다는 결과를 발표하였다.

자폐증이란 선천적으로 사회성을 타고나지 못하는 질병인데 가장 일반적인 증상이 타인과의 눈 맞춤이 이뤄지지 않는다는 것이다. 굳이 이런 정도까지는 아니겠지만 눈 맞춤이 부족한 사람은 자폐증적인 대화 습관을 반성하고 눈으로 듣는 경청에 많은 노력을 기울여야 한다.

얼마 전 서울중앙지법에서는 판사들에게 올바른 재판 운영을 위한 몇 가지 지침을 권장하였다. 그 내용을 보면 ▲ "이 주장이 말이 되느냐."는 식의 핀잔을 삼갈 것 ▲ 검사·변호사·증인·피고인에게 적절한 호칭 사용 ▲ 어려운 법률 용어는 상세히 풀어 설명해 줄 것 등의 내용과 함께 ▲ 피고인과 적절한 눈 맞춤을 유지하라는 제안이 포함되어 있다. 변론과 반박이 주를 이루는 법정에서도 눈 맞춤은 가장 좋은 공감과 소통의 커뮤니케이션인 셈이다.

프랑스 작가 빅토르 위고는 "여성의 이야기에 귀를 기울일 때는 그녀의 눈이 말하는 것에도 주목해야 한다."라는 말을 남겼다. 공감을 위해서는 눈으로 듣기가 중요하다는 사실을 명심하고 눈 맞춤 경청에 많은 노력을 기울여 보자.

〈EYE-CONTACT 경청법〉

1. 상대방의 눈을 마주 본다.

2. 상대방의 미간을 바라본다.

3. 상대방의 눈과 입을 번갈아 가며 바라본다.

4. 상대방을 부드러운 눈빛으로 바라본다.

5. 상대방에 대한 호감을 담아 바라본다.

올빼미와 토끼처럼 들어라

올빼미는 산이나 깊은 숲속에서 사는 동물이다. 밤 또는 해질 무렵에 활동하는데 청각과 시각이 발달해 캄캄한 어둠 속에서도 쉽게 먹이를 잡을 수 있다. 올빼미의 두 귀는 크기와 위치가 서로 다른 비대칭이라 상하좌우에서 들려오는 소리의 차이를 이용해 음원(音源)의 위치를 정확히 측정할 수 있기 때문이다. 특히 눈 주위에 움푹 들어간 안반(顔盤) 뒤에 숨겨져 있는 귀는 일종의 집음기(集音器) 역할을 한다. 우리말에 "귀담아듣는다"는 표현이 있는데 올빼미야말로 귀에 소리를 담아서 듣는 경청의 달인인 셈이다.

원만한 인간관계를 위해서는 사람들의 이야기를 귀담아들을 줄 알아야 한다. 그렇지 않고 귀 밖으로 흘려서 듣게 되면 "아버지가 방에 들어가신다."라는 말을 "아버지 가방에 들어가신다."라는 말로 오해할 수 있기 때문이다.

몇 년 전 여름에 있었던 일이다. 며칠째 30도를 웃도는 찜통더위가 계속되는데 설상가상으로 선풍기가 고장 나 멈춰 버렸다. 정지된 상태에서 헤드 부분을 억지로 돌린 탓인지 전혀 회전이 되질 않았다. 집에서 고쳐 보려고 애쓰다 결국 서비스센터로 향했다. 그런데 건물 입구에 도착해 보니 차를 주차할 곳이 마땅치 않았다. 어떻게 할까 고민 끝에, 나는 차에서 기다리고 아내가 서비스센터에 다녀오기로 결정했다.

30분쯤 지났을 무렵, 아내에게 전화가 걸려 왔다. 선풍기를 고쳤으니 내가 2층으로 올라올 것인지 아니면 아내가 선풍기를 들고 1층으로 내려올 것인지에 대해 묻는다. 주차를 하였으니 직접 올라가겠다고 대답한 후, 2층으로 가보니 이상하게도 아내의 모습이 보이질 않는다. 여기저기 서비스센터 안을 두리번거리며 찾아다니는데 아내로부터 다시 전화가 걸려 왔다.

아내: "지금 어디야?"
나: "당연히 2층이지. 당신 어디 있어? 못 찾겠는데?"
아내: "왜 2층이야? 밑으로 내려간다고 했으면 차에서 기다려야지?"

나: "무슨 소리야? 내가 올라온다고 했잖아?"

아내: "당신이 언제 그랬어? 내가 내려간다고 했지."

   할 말을 잃은 채, 나는 어떻게 이런 일이 벌어졌을까 생각해 보았다. 아마도 각자의 머릿속에 다른 생각들이 자리 잡고 있어서 상대방의 말을 정확하게 귀담아듣지 못한 것 같았다. 나는 '내려갈게'라는 아내의 말을 귀담아듣지 못했고, 아내는 '올라갈게'라는 내 말을 귀담아듣지 못한 것이다. 그러고는 각자가 말한 대로 아내는 중앙 계단을 통해 내려오고, 나는 왼쪽 측면 계단을 통해 2층으로 올라간 것이다. 이처럼 말이라는 것은 귀담아듣지 않으면 엉뚱한 결과를 초래한다.

   예전에도 비슷한 일을 경험하였다. 어린이날을 며칠 앞둔 일요일 오후, 집 근처 공원에 나가보니 노래자랑 대회가 열리고 있었다. 마술사도 보이고 무척 재미있는 공연이 될 것 같아 부랴부랴 집으로 전화를 걸었다. 그리곤 초등학생이던 아들에게 '공원에 있는 공연장 앞으로 오라'고 말하였다.

   전화를 끊고 기다리는데 30, 40분이 지나도록 도착을 하지 않는다. 집에서 공원까지는 도보로 10분이 채 안 되는 거리였기에 슬슬 걱정이 되기 시작하였다. 전화를 걸어도 받지 않는 것을 보면 집에서 출발한 것은 분명했다. 불안한 마음에 공원 구석구석을 찾아다니는

데 갑자기 저만큼서 아들이 뛰어오며 화난 목소리로 말한다. "아빠, 왜 여기 있는 거예요? 공연장 앞으로 오라고 말했잖아요? 지금까지 거기서 찾아다녔단 말이에요." 순간 나는 아차 싶었다.

아들의 말처럼 공원 한쪽 편에는 상설공연장이 있었고, 우리 가족은 공원에 올 때마다 그곳에서 시간을 보내곤 하였다. 그렇지만 조금 전 전화를 걸었을 때는 "노래자랑 대회"가 열리고 있는 〈임시 간이 공연장〉 앞으로 오라고 말한 것이었다. 구체적인 설명을 생략했더니, 나의 의도와 달리 아들은 상설공연장 주변에서 나를 찾아 헤맨 것이었다. 말한다는 것과 듣는다는 것의 어려움을 다시 한 번 절실히 느껴 본 순간이었다.

연약한 토끼가 약육강식의 생태계에서 살아남을 수 있는 것은 귀 덕분으로 알려져 있다. 토끼의 귀는 멀리서 나는 작은 소리도 놓치지 않고 들을 수 있다. 마치 성능이 뛰어난 위성 안테나처럼 작동한다. '골프계의 에디슨'으로 불리는 카스텐 솔하임은 GE에 근무할 당시 토끼 귀를 닮은 탈착식 안테나를 만들어 200만 세트를 판매한 적도 있다고 한다. 커뮤니케이션에서 타인의 말을 귀담아들으려면 토끼처럼 귀를 쫑긋 세울 필요가 있다. 물론 이는 상징적인 의미이며 다음과 같은 노력을 기울여야 한다.

첫째, 내용을 빼먹지 말고 귀담아들어라.

다른 사람의 말을 귀담아듣지 않는 대표적인 유형은 빼먹고 듣는 것이다. 특정한 단어나 문장을 귀담아듣지 못했기 때문에 시간이 지나면 다음과 같이 묻는다. "언제 그랬죠?", "처음 듣는데요?", "들은 적 없는데요?"

둘째, 의미를 흘려듣지 말고 귀담아들어라.

다른 사람의 말을 귀담아듣지 않는 또 다른 유형은 의미를 흘려듣는 것이다. 상대방의 말에 담긴 맥락을 귀담아듣지 못했기 때문에 시간이 지나면 다음과 같이 되묻는다. "그런 뜻인 줄 몰랐어요.", "그런 얘기가 아니었잖아요?"

셋째, 감정을 놓치지 말고 귀담아들어라.

상대방이 느끼는 감정을 헤아리지 못하는 것도 귀담아듣지 않는 유형이다. 상대방의 감정을 이해하려는 노력이 부족하기 때문에 시간이 지나면 다음과 같이 말한다. "그런 심정인 줄 몰랐어요.", "그렇게 느끼는 줄은 몰랐어요."

경청은 듣는다고 모두 듣는 것이 아니며, 귀담아듣는 것만이 올바른 경청이다. 상대방의 말을 토씨 하나도 빼놓지 말고 들어야 하며, 상대방의 말에 담긴 의미를 이해해야 하고, 상대방이 느끼는 감정을 헤아려야 한다. 누군가와 대화를 할 때는 토끼처럼 귀를 쫑긋 세우고, 올빼미처럼 귀에 소리를 모아들어라. 그것이 최고의 경청 비결이다.

비언어 메시지에 주의하라

1992년에 상영된 영화 〈원초적 본능〉에서 주인공 샤론 스톤이 경찰 조사를 받는 장면이 나온다. 취조실에 들어온 샤론 스톤은 의자에 앉아 담배를 피우더니, 꼬았던 다리를 풀고 반대편으로 다리를 옮긴다. 이 한 번의 몸짓으로 샤론 스톤은 세계적인 섹스 심벌의 이미지를 굳히며 할리우드 스타로 떠올랐다. 커뮤니케이션은 말을 통해 이뤄지는 언어 커뮤니케이션과 몸동작을 통해 이뤄지는 비언어 커뮤니케이션, 보디랭귀지로 구분될 수 있다.

미국 심리학자 앨버트 메러비언(Albert Mehrabian) 교수는 『비언어적 커뮤니케이션』이라는 저서에서 커뮤니케이션에서 말의 내용이 차지하는 비중은 7%에 지나지 않는다는 연구 결과를 발표하였다. 그의 주장에 의하면 사람들은 말의 내용(7%)에 영향을 받기보다는 목소리에 관련된 부분(38%), 그리고 표정, 눈빛, 몸동작 등 보디랭귀지에 관련된 부분(55%)에 더 많은 영향을 받는다는 것이다.

메러비언 법칙에 의하면 공감 형성에 가장 큰 영향 요소는 음성과 몸동작이라는 사실을 알 수 있다. 따라서 대화를 나눌 때는 상대방이 말하는 내용을 귀담아들으려는 노력과 함께 상대방의 음성과 보디랭귀지에 주의를 기울여야 한다.

목소리

대화 중에는 상대방의 말을 들으며 음성의 변화를 살펴야 한다. '목소리에 감정이 실렸다'는 말처럼 사람의 감정은 목소리에 담겨 표현되기 때문이다. 특히 타인에게 속마음을 잘 드러내지 않는 사람일 경우 말의 내용만으로 상대방의 생각과 의도, 기분을 파악하는 데는 한계가 있다. 이럴 때는 상대방의 목소리에 더 많은 관심을 가져야 한다.

목소리에는 들뜬 목소리, 가라앉은 목소리, 밝은 목소리, 어두운 목소리, 힘찬 목소리, 힘없는 목소리, 빠른 목소리, 느린 목소리, 흥분된 목소리, 놀란 목소리, 짜증 섞인 목소리, 당황한 목소리 등과 같이 다양한 표현이 존재한다. 상대방의 목소리를 귀담아들으며 말의 빠르기, 높낮이, 강약, 음색, 말하는 방식 등에 변화가 있으면 어떤 이유 때문인지 파악하려 노력해야 한다.

"내가 회의 때문에 늦을 것 같다고 말하자 그녀는 '괜찮으니 천

천히 오라'고 말했다. 그러나 그녀의 목소리는 이미 싸늘하게 변해 있었다. 나는 그녀가 강한 불쾌감을 느끼고 있다는 사실을 깨닫고 회의 참석을 뒤로 미룬 채 약속 장소로 달려갔다."

대화를 할 때 말의 내용에만 신경 쓰고 목소리의 변화에는 주목하지 못하면 문제가 발생한다. 앞에서 예시한 상황처럼 목소리가 변했다는 사실을 눈치챌 수 있어야 상대방의 감정을 헤아리고 적절한 행동을 통해 갈등을 예방할 수 있다.

몸동작

미국 정신병리학자 쟈겐 루이스는 "인간은 언어 이외의 기호를 70여만 개나 사용하여 커뮤니케이션을 한다."라고 주장했다. 학자들의 연구에 의하면 의사소통을 위해 사람들이 사용하는 신체 언어는 대략 천 가지 정도에 이른다.

우리는 대화하는 동안 손과 팔, 머리, 몸을 끊임없이 움직인다. 상대의 말에 동의를 표시하기 위해 고개를 끄덕이거나 고개를 가로저어 반대를 나타낸다. 일정한 크기나 형상을 가리키기 위해 손을 사용하며, 엄지손가락을 치켜들거나, V자 표시를 하거나, 양손을 엇갈려 X자를 만들어 메시지를 전달한다. 상대방의 이야기에 흥미가 없다는 사실을 나타내기 위해 팔짱을 끼거나 몸을 뒤로 젖히고, 자신의 이야기를 강조하기 위해 주먹을 쥐거나 손을 흔든다.

대화 중에는 이처럼 다양한 형태의 몸동작에 주의를 기울여야 상대방의 생각과 감정을 정확하게 공감할 수 있다.

"약속 장소에 도착했을 때, 그녀는 무표정한 얼굴로 나를 맞았다. 자리에 앉으며 이러저런 변명을 늘어놓는 나에게 그녀는 아무런 말도 건네지 않았다. 오히려 다리를 꼬고 팔짱을 낀 채 탁자 위만 바라보고 있었다. 이따금 무릎 위에 놓인 가방 손잡이를 만지작거리는 그녀의 모습은 금방이라도 자리에서 일어나려는 사람처럼 보였다. 나는 그녀에게 정중하게 사과의 말을 건넸고 다시는 이런 일이 없을 것이라는 약속을 거듭했다. 그녀는 아무런 대꾸 없이 화난 표정을 짓고 있었지만 옆에 놓인 의자 위로 가방을 옮겨 놓는 모습을 보며 나는 안도의 한숨을 내쉴 수 있었다."

이처럼 사람의 몸동작은 여러 가지 메시지로 해석될 수 있다. 가방 손잡이를 만지작거리는 여성의 몸짓은 자리에서 일어나는 것을 고민하는 행동으로, 가방을 옆자리 의자에 옮겨 놓는 몸짓은 계속 머물겠다는 표현으로 이해될 수 있다. 대화 중에는 말하는 사람의 몸동작을 주시하며 내면의 생각과 의도, 감정을 헤아려야 한다.

표 정

얼굴은 사람의 감정이 가장 잘 드러나는 신체 부위에 해당된다. 안면에 퍼져 있는 43개의 근육에 의해 수없이 다양한 얼굴 표정이 만들어지기 때문이다. 우리는 기쁨이나 즐거움, 호감이나 애정을 느낄 때는 웃는 표정을 나타내고 슬픔이나 고통, 분노나 혐오감은 찡그린 표정을 드러낸다.

미국 심리학자 폴 에크먼 교수는 사람에게는 기쁨, 놀람, 공포, 슬픔, 분노, 혐오의 여섯 가지 기본 정서가 존재하며 이러한 정서에 대한 얼굴 표정은 문화와 종족에 상관없이 모두 동일하다고 설명하였다. 이처럼 사람의 얼굴 표정은 비언어적 의사소통의 주된 창구 역할을 담당하기 때문에 대화 중에는 항상 상대방의 표정을 면밀하게 관찰해야 한다.

"10여 분 정도가 지났을 무렵, 그녀의 입가에 알듯 말듯 살짝 미소가 스쳐 지나갔다. 곧바로 표정이 굳어지긴 했지만 이제는 어느 정도 마음이 풀린 것 같았다. 나는 그녀에게 저녁 식사로 무엇을 먹고 싶은지 질문했다. 그녀는 고개를 가로저었지만 그다지 싫은 표정은 아니었다. 나는 그녀와 함께 커피숍 밖으로 나왔다."

얼굴 표정은 확연하게 드러나는 경우도 있지만, 반대로 매우 미약하고 모호하게 느껴지는 경우도 많다. 따라서 얼굴 표정의 변화를 정확하게 탐지하려면 상대방의 얼굴을 주시하며 주의를 기울여야 한다. '알듯 말듯 살짝 지나가는 미소'를 감지할 수 있어야 상대방의 진의를 올바르게 파악할 수 있기 때문이다. 특히 감정의 기복은 입과 눈썹을 통해 많이 표출된다. 표정의 변화를 살필 때는 상대방의 입과 눈썹 주변을 세심하게 관찰할 필요가 있다.

사람은 말의 내용보다 음성과 몸동작에 더 많은 영향을 받는다. 특히 언어적 표현이 명확한 서양과 달리 우리 사회는 비언어적 메시지에 의해 의사소통이 이루어지는 경우가 많다. 따라서 상대방의 목소리와 보디랭귀지를 정확하게 파악하고 분석해야 원활한 의사소통이 가능해진다. 공감의 93%는 비언어 메시지에 달려 있다는 사실을 명심하고, 대화를 할 때는 상대방의 음성, 몸동작에 더 많은 주의를 기울여 보자.

감정의 필터를 제거하고 경청하라

며칠 전 한 모임에 참석했다. 우연히 정치와 관련된 논쟁이 시작됐는데 사람들의 대화를 듣고 있자니 흥미로운 사실을 발견할 수 있었다. 특정한 지지 정당이나 정치적 노선이 없는 사람들은 객관적 자세를 유지하며 차분하게 토론에 참여했다. 그런데 진보 또는 보수라고 불러도 될 정도의 정치 성향을 지니고 있는 사람들은 자신과 반대되는 의견에 귀를 잘 기울이지 않았다.

상대방의 주장을 경청하지 않고 심지어 중간에 말을 가로막거나 자르는 일까지 자주 일어났다. 나름대로 식자층에 속한 사람들이었는데도 경청 수준이 매우 낮은 모습을 지켜보자니 〈감정의 필터〉라는 용어가 머릿속에 떠올랐다.

커뮤니케이션에서 경청을 방해하는 대표적인 요소로 감정의 필터를 지적할 수 있다. 사람은 감정의 동물이다. 따라서 사람의 대화는 감정에 큰 영향을 받는다. 기분이 즐겁고 행복한 사람에게는 비관적인 이야기가 귀에 들어오지 않으며, 반대로 슬프고 우울한 사람에게는 낙관적인 이야기가 잘 들리지 않는다.

비단 자신의 심리 상태뿐만 아니라 상대방에 대해 느끼는 감정에 따라 경청 태도가 달라진다. 반감을 느끼고 있거나 적대적인 감정을 느끼는 사람의 이야기는 흘려듣기 십상이다. 반대로 강한 호감을 느끼거나 신뢰가 형성된 사람의 이야기는 팥으로 메주를 쑨다고 해도 곧이듣는다. 동일한 인물인 경우에도 상대방에 대한 감정의 기복에 따라 경청 태도가 달라지며, 때로는 대화 주제에 대한 호오(好惡)에 의해 경청 태도가 영향을 받는다.

감정의 필터를 유형별로 정리하면 다음과 같다.

1. 듣는 사람의 심리적 상태

듣는 사람의 심리 상태와 정도에 따라서 경청 태도가 달라진다.

예) 회사 일 때문에 마음이 불안해서 아내의 이야기에 집중이 되질
　　 않았다.

　- 내일 출발하는 유럽 여행에 대한 흥분으로 고객의 말을 경청하
　　 기 어려웠다.

2. 말하는 사람에 대한 감정적 상황

말하는 사람에 대한 감정 상태와 정도에 따라서 경청 태도가 달라
진다.

예) 내가 싫어하는 인사부장의 발표 시간이었다. 그가 말하는 내용
　　 을 대부분 흘려들었다.

　- 오늘 아침, 무시하는 눈빛으로 핀잔을 주던 일이 생각나 남편의
　　 말이 전혀 귀에 들어오질 않았다.

3. 말하는 내용에 대한 호오(好惡)

대화의 주제, 소재에 따라 경청 태도가 달라진다.

예) 직장에서 연예인 스캔들이 화제에 오를 때면 나는 머릿속으로

딴 생각을 한다.

– 아내가 또다시 드라마 이야기를 꺼내기에 나는 아예 귀를 닫아
버렸다.

이렇게 듣는 사람의 심리적 상태, 말하는 사람에 대한 감정, 대화
내용의 좋고 싫음에 따라 경청의 태도와 수준이 달라진다. 내 경우
에는 정치에 대한 혐오감 때문에 10년 넘게 텔레비전 시청과 신문
구독을 중단한 적이 있다. 내가 지닌 감정적 필터 때문에 정치적 사
안에 대한 경청에 장애가 발생했던 것이다. 사실 아직도 나는 정치인
들의 말에는 조건반사적으로 귀를 닫아 버리는 습성이 남아 있다.

이처럼 감정의 필터는 커뮤니케이션에 많은 영향을 끼친다. 그중에
서도 상대방에 대한 부정적인 감정을 적절하게 조절할 수 있는 능력
은 경청을 위해 꼭 필요한 요소이다.

예를 들어 분노는 가장 대표적인 부정적 감정 필터다. 상사가 영업
실적이 저조한 부하 직원에게, 아내가 잦은 술자리로 귀가 시간이 늦
은 남편에게, 부모가 컴퓨터 게임에 빠져 공부를 소홀히 하는 자녀
에게 분노를 느끼면 상대방의 변명을 경청하기 어렵게 된다.

상대방의 말을 귀담아듣기 위해서는 먼저 내 마음속에 형성된 분
노의 감정을 누그러뜨려야 한다. 그러나 대부분의 사람들은 분노를
표출하기에만 바쁠 뿐 상대방의 말을 경청하는 데는 실패하고 만다.

경청을 가로막는 부정적 감정의 필터에는 불안, 공포, 질투, 시기심, 수치심, 죄책감, 실망감, 경멸, 혐오 등 여러 가지 종류가 있다. 아내가 월급이나 생활비, 시부모나 동서 간의 갈등에 대한 이야기를 꺼냈을 때 남편의 마음속에 짜증과 분노, 수치심, 죄책감, 경멸, 혐오와 같은 감정의 필터가 생겨난다면 아내의 말을 객관적으로 경청하기란 불가능해진다. 오히려 신경질적인 반응을 나타내기 쉽다.

직장에서도 마찬가지다. 상사가 연봉, 실적, 고과, 승진, 능력 등에 관한 이야기를 꺼냈을 때 감정의 필터가 없다면 아무런 동요 없이 경청할 수 있다. 반면에 상사에 대해 부정적인 감정을 갖고 있거나 아니면 상사가 말하는 내용에 대해 부정적 감정 필터가 형성되면 경청은 매우 어려워진다.

이렇듯 경청에는 감정적 필터가 중요하기 때문에 올바른 경청 습관을 기르려면 몇 가지 노력을 기울여야 한다.

첫째, 대화 중에는 항상 자신의 심리 및 감정 상태에 주의해야 한다. 누군가와 대화를 나누는데 경청이 원활하지 못하다고 판단되면 자신의 감정 상태를 점검해 봐야 한다. 둘째, 부정적인 감정의 필터가 느껴지면 즉시 기분을 가라앉히고 감정을 조절해야 한다. 셋째, 상대방의 말에 감정이 개입된 반응을 나타내지 말아야 한다. 부정적인 말은 부정적인 반응을 낳을 뿐이다.

이 글을 쓰다 보니 어느 덧 새벽 5시가 지났다. 갑자기 안방에서 아내가 나오더니 "시간이 몇 신데 아직도 안자냐?"라고 잔소리를 건넨다. 약간 화가 났지만 감정을 누그러뜨린 후, 차분하게 상황을 설명해 주었다. 그러자 아내가 "수고 많다"는 말과 함께 어깨를 안마해 주고 방으로 들어간다.

부부간 대화에서도 경청을 가로막는 가장 큰 장애물은 감정의 필터다. 지금까지 20여 년의 결혼생활 동안 경청이 잘 되지 않았던 상황들을 떠올려 보면 대부분 감정의 앙금이 남아 있는 순간들이었다. 내가 기분이 좋을 때는 아내가 어떤 말을 해도 잘 듣고 이해했다. 그렇지만 내가 기분이 나쁠 때는 경청은커녕 말다툼으로 번지는 경우가 많았다.

이처럼 누군가와 대화를 나눌 때는 감정의 필터에 주의해야 한다. 부정적 감정의 필터를 제거하고, 긍정적 감정의 필터로 교환하라. 반드시 즐겁고 효과적인 경청이 가능해질 것이다.

동전 10개로 경청과 공감을 훈련하라

경청의 중요성은 아무리 강조해도 지나침이 없을 것이다. 폴 랜킨의 커뮤니케이션 실험 결과도 그 사실을 잘 일깨워 준다. 그에 따르면 성인들은 깨어 있는 시간의 70%를 언어 커뮤니케이션에 사용하는데, 평균적으로 쓰기 9%, 읽기 16%, 말하기 30%, 듣기 45%의 비율을 차지한다. 이처럼 듣기는 커뮤니케이션 중에서 가장 중요한 비중을 차지하는 요소다.

삼성그룹 이건희 회장이 첫 출근하던 날, 아버지 이병철로부터 경청(傾聽)이라는 휘호를 선물 받았다는 일화도 경청의 중요성을 일깨워 준다. 영국 속담에 "말을 많이 하게 되면 후회가 늘고 말을 많이 듣게 되면 지혜가 는다."라는 말이 있다. 유태인 격언에는 "당나귀는 긴 귀로 구별할 수 있고, 어리석은 자는 긴 혀로 구별할 수 있다"란 말이 있다. 19세기 미국 시인이자 평론가인 올리버 웬들 홈스는 "말하는 것은 지식의 영역이고, 듣는 것은 지혜의 특권"이라는 말로 경청의 중요성을 강조하였다.

이처럼 경청은 배움을 얻고 지혜를 쌓는 가장 효과적인 방법이다. 또한 사람은 자신의 이야기에 귀 기울여 주는 사람을 좋아하기 때문에 경청은 친밀하고 진실한 인간관계를 만드는 가장 효과적인 방법이다. 그러나 경청은 쉽지 않은 일이며 오히려 매우 어려운 일이다. 인터넷에 다음과 같은 유머가 나온다.

대통령 부부가 만찬에 참석하기 위해 입장하는 사람들과 악수를 나누며 인사말을 건네고 있었다. 마침 다른 사람의 이야기는 일체 경청하지 않는 것으로 악평이 높은 정치인의 차례가 되었다. 대통령이 그의 손을 잡고 악수를 하며 농담을 건네 보았다.

"환영합니다. 다행스럽게도 조금 전 할머니가 세상을 떠나셨다는군요."

대통령의 말을 귀담아듣지 않은 정치인은 즉각 기쁜 표정을 지어 보이며 대답했다.

"감사합니다. 정말 축하드립니다."

이처럼 경청이 어려운 이유는 사람은 자기중심적 존재이기 때문이다. 미국 뉴욕시 전화국에서 사람들이 전화통화를 할 때 어떤 단어를 가장 많이 사용하는지 조사해 보았다. 그 결과 1위를 차지한 말은 '나'라는 단어였으며, 500통의 전화에서 무려 3,900번이나 사용된 것으로 밝혀졌다. 세상에서 가장 중요하고 소중한 것은 '나'라는 존재다.

이 외에도 경청에 장애를 불러오는 이유에는 여러 가지 원인이 있다. 말하는 사람의 작은 목소리나 불분명한 발음, 정확하지 못하거나 중의적인 표현, 주변 환경의 소음, 듣는 사람의 고정관념이나 편견 등이 올바른 경청을 가로막는다.

특히 경청에 있어 가장 큰 어려움은 생리적 구조에 기인한다. 사람은 평균 1분에 150~250단어의 말을 할 수 있는데 우리의 뇌는 그보다 4배 이상 많은 정보처리 능력을 가진 것으로 알려져 있다. 즉, 귀로 들어오는 정보를 처리하고도 75% 이상의 시간이 남기 때문에 우리의 정신은 여러 가지 외부 자극에 분산된다. 귀로는 상대방의 이야기를 듣지만 눈으로는 다른 대상을 관찰하고, 머릿속에서는 또 다른 생각을 하는 것이다.

반면에 우리의 눈은 1초에 5백만 가지 정보를 인식하나 정신은 5백가지만 인식할 수 있다. 따라서 우리 몸은 선택적 인식(Selective Perception)이라는 방법으로 정보를 처리하게 된다. 다섯 가지 감각기관을 통하여 수집되는 정보 중에 가장 관심 있고 흥미로운 정보만 받아들이고 나머지 정보는 모두 무시하는 것이다.

심리학에 '칵테일파티 효과'(Cocktail Party Effect)라는 용어가 있다. 사람들로 북적대며 소음으로 가득한 칵테일파티 장에서도 누군가 자신의 이름을 언급하면 그 말을 놓치지 않고 알아듣는다. 이처럼 자신에게 의미 있는 정보는 놓치지 않고 받아들이는 현상을 말한다.

대화 중에 상대방의 말에 관심이 있으면 저절로 경청이 되지만, 특별한 관심이 없으면 선택적 인식이 되질 않는다. 따라서 경청을 잘하려면 상대방의 이야기에 정신을 집중하는 노력이 필요하다.

미국 웨이크포레스트 대학교와 노스캐롤라이나 대학교 연구팀은 사람들이 듣는 작업을 진행 중일 때 뇌 속 시야와 연관된 영역에서 뇌 활성을 어떻게 전환시키는지를 실험하였다. 그 결과 경청하는 동안에는 시력과 연관된 영역에서의 뇌활성이 감소된 것으로 나타났다. 또한 듣는 작업이 어려울수록 뇌의 시력과 연관된 영역을, 청력과 연관된 부위로 전달해 듣는 작업에 집중하는 것으로 나타났다. 연구팀은 이 같은 결과에 대해 사람들이 음악을 들을 때 눈을 감는 이유와 같은 동일한 현상이라고 설명했다.

이처럼 우리의 뇌는 필요한 경우 다른 기능을 전환시키면서까지 경청에 집중하게 된다. 그러나 이런 상황은 예외적인 경우에 해당되며 일반적인 대화에서 다른 사람들의 이야기에 집중한다는 것은 쉽지 않은 일이다.

스위스 정신과 의사 폴 투르니에는 "우리는 다른 사람의 말을 절반만 듣고, 들은 것의 절반만 이해하며, 이해한 것의 절반만을 믿는다. 그리하여 마침내는 믿은 것의 절반만을 겨우 기억할 수 있게 된다."라고 말했다.

한 연구 보고에 의하면 일반적인 사람들의 80%는 경청 능력이 매우 부족하다. 그로 인해 자신이 청취한 내용 중 25%만 경청하고 나머지 75%는 흘려버리는 것으로 알려져 있다. 경청이 얼마나 어렵고 실제로도 잘 이뤄지고 있지 않다는 사실을 알려준다. 과연 어떻게 하면 경청을 잘할 수 있을까? 무엇보다 상대방의 이야기에 의도적으로 집중하는 노력이 필요하지만 이런 태도가 습관으로 자리 잡을 때 자연스럽게 경청할 수 있을 것이다.

미국 화이자의 회장을 역임한 제프 킨들러(Jeff Kindler)에게는 '경청 (傾聽)형 리더'라는 수식어가 따라 다닌다. GE 전 회장 잭 웰치는 "그는 팀원들이 위기 상황에서 똑바로 가도록 이끄는 일류(crackerjack) 리더다."라고 평가했으며 맥도날드사의 제임스 캔탈루포 전 회장은 "그는 내가 본 그 누구보다 '현실적인(down-to-earth)' 리더다. 그는 냉정한 상황 파악을 위해 항상 듣고 또 듣는다."라며 제프 킨들러에 대해 칭찬을 아끼지 않았다.

2007년 제프 킨들러가 화이자의 회장으로 선출되자 관련업계 종사자들은 깜짝 놀랐다. 제약 업계 경험이라곤 4년에 불과했으며 법률가 출신 회장은 처음이었기 때문이었다. 이 당시 화이자는 잇따른 특허침해 소송과 신흥 제약회사들의 등장으로 40% 이상 주가가 폭락하며 내리막길을 달려가고 있었다.

제프 킨들러는 '듣고 또 들어라. 위기가 뚫린다.'는 신념을 바탕으로 화이자의 위기를 극복해 나갔다. 회장에 선임된 직후, 그는 전 세계에 퍼져 있는 직원들에게 메일을 보냈다. "조직 안팎에서 겪는 도전을 허물없이 얘기해 줄 사람이 필요하다."라는 것이 주된 내용이었다. 2008년 한국에 내한했을 당시 그는 다음과 같이 말했다.

"항상 시장의 목소리에 귀를 열어 놓아야 합니다. 어려울 때든 좋을 때든 소비자들의 목소리만큼 확실한 지표가 없어요. 리더는 어려운 때일수록 최대한 소비자들과 가깝게 있는 사람들의 이야기를 듣고, 또 들어야 합니다. 여기에 해답이 있어요."

제프 킨들러는 경청의 중요성을 강조하며 실제로도 부단한 노력을 기울였다. 그는 직원들의 말을 경청하기 위해 자신이 실천하는 방법을 다음과 같이 소개하였다.

"매일 아침, 나는 1센트 동전 10개를 왼쪽 바지 주머니에 넣고 집을 나선다. 회사에 출근하여 직원들을 만나면 그들의 이야기를 경청한다. 그리곤 상대방의 이야기를 충분히 공감해 주었다고 판단되면 왼쪽 주머니에 있는 동전 하나를 오른쪽 주머니로 옮긴다. 저녁에 퇴근하면 오른쪽 주머니로 옮겨 간 동전의 개수만큼 10점씩 점수를 준다. 모든 동전이 옮겨 갔으면 '100점'이라는 점수를 주는 것이다. 이런 방법으로 매일 저녁 만점을 받는 것이 내가 실천하는 중요한 일과의 하나다."

제프 킨들러의 경청 훈련법은 매우 큰 시사점을 안겨 준다. 경청을 위해서는 의지만으로는 불충분하며 체계적인 훈련과 반복을 통해 경청하는 태도를 습관들여야 한다는 사실이다. 물론 진심으로 타인의 이야기를 경청할 줄 아는 성품을 갖고 태어난 사람도 있지만 대부분의 사람들은 올바른 경청 습관을 지니고 있지 못하다. 게다가 타인보다는 자신의 이야기에 경청해 주기를 바라는 것이 사람들의 마음이다. 그러나 이렇게 해서는 바람직한 관계를 만들기 어렵다. 내가 하는 말에 귀를 기울이지 않는 사람과 어떻게 좋은 관계로 발전

될 수 있겠는가?

말을 배우는 데는 2년이 걸리지만 침묵을 배우는 데는 60년이 걸린다고 한다. 그러나 제프 킨들러처럼 꾸준히 훈련하지 않는다면 60년보다 더 오랜 세월이 걸릴 수도 있다. 상대방의 말을 경청하면 그 사람의 마음을 얻을 수 있다는 이청득심(以聽得心)을 명심하고 매일 경청을 훈련해야 한다.

먼저 100원짜리 동전 10개를 주머니에 넣고 다니며 실천해 보자. 처음에는 1~2개의 동전도 옮겨 가기 어려울 것이다. 그렇지만 6개월, 1년을 꾸준히 반복하면 10개의 동전이 모두 옮겨 가게 되고, 그리고 나면 굳이 동전을 갖고 다니지 않아도 경청하는 태도가 몸에 배여 있을 것이다. 경청은 결심이 아니라 반복적인 훈련에 의해 가능하다는 사실을 명심하고, 지금 당장 동전 10개를 주머니 속에 넣어 보자.

제 3 장

신뢰를 형성하는 공감의 기술

'나와 당신'의 태도로 대화하라

이탈리아의 문학가이자 모험가이며 희대의 바람둥이였던 카사노바는 자서전 『불멸의 유혹』에서 여성이 자신을 사랑하도록 만드는 방법에 대해 다음과 같이 적고 있다.

"여성은 자신이 매우 사랑받고 있으며 매우 소중한 존재라는 사실을 일깨워 주는 사람과 사랑에 빠진다. 따라서 여성을 진심으로 사랑하고, 그 여성이 얼마나 아름다운 존재인지 일깨워 주고 소중하게 대해 주기만 하면 모든 여성으로부터 사랑받을 수 있다."

우리나라에서 '인간 복덕방'으로 불리는 조영남은 한 신문과의 인터뷰에서 인맥관리의 비법을 묻는 기자에게 이렇게 대답했다.

"누가 나에게 반 고흐처럼 살아서 외롭다가, 죽어서 유명세를 얻겠냐고 묻는다면, 노(No)! 난 싫어! 난 죽어서 아무도 나를 기억 못하더라도 살아서 사람들과 함께 즐기고 싶어. 그만큼 사람이 좋고, 또한 사람이 소중해."

클린턴 대통령에게 적대적이던 정치인들이 그를 일대일로 만나고 나면 매우 호의적으로 돌아서는 일이 많았다. 그 사실을 전해들은 한 언론사 기자가 클린턴에게 인터뷰를 요청하였다. 실제로 20분 동안 클린턴을 만나고 난 후 그는 이렇게 말했다.

"클린턴은 전 세계에서 가장 바쁜 미국의 대통령이다. 그런데 클린턴은 인터뷰를 하는 20분 동안 이 세상에 마치 나밖에 없다는 듯이 대해 줬다. 자기에게 가장 소중한 것은 오직 '나뿐'이라는 듯이 ……."

눈치가 빠른 분은 이미 짐작하겠지만 세 사람의 이야기에서 공통적으로 나타나는 단어는 '소중'이다. 사람은 누구나 자신을 소중하게 대해 주는 사람을 좋아한다. 따라서 상대방을 소중하게 대하기만 하면 여성의 마음도, 정적(政敵)의 마음도, 세상 사람들의 마음도 모두 내 편으로 만들 수 있다.

공감 역시 마찬가지다. 상대방을 소중하게 생각하는 존중적 태도가 있어야만 의사소통이 원활해지고 강한 공감대를 형성할 수 있다. 공감을 잘하려면 다음과 같은 생각을 자신의 신념으로 지녀야 한다.

첫째, 사람이 운명이다.

『비범한 삶』이라는 책을 쓴 찰리 존스는 "현재의 내 모습과 1년 후 내 모습의 차이는 1년 동안에 어떤 사람을 만나느냐, 그리고 몇 권의 책을 읽느냐에 달려 있다."라고 말했다. 사람은 대부분 유유상종을 하기 때문에 비슷한 사람끼리 만나서 비슷한 생각, 비슷한 행동을 하고 비슷한 삶을 살게 된다. 따라서 새로운 변화를 만들려면 나와는 다른 생각, 다른 행동을 하는 사람을 만나야 한다.

사회학자 솔라 풀은 일련의 조사를 통해 사람이 평생 중요하게 알고 지내는 사람의 숫자가 대략 3,500명 정도에 이른다고 말하였다. 결국 사람의 인생은 3,500명이 어떤 사람이냐에 따라 결정된다. 비범한 삶을 만들려면 사람이 운명이라는 생각을 가져야 한다.

둘째, 만남은 기적이다.

과학자 아인슈타인은 "세상을 보는 데는 두 가지 방법이 있다. 한 가지는 모든 만남을 우연으로 보는 것이고, 다른 한 가지는 모든 만남을 기적으로 보는 것이다."라는 명언을 남겼다. 이 말처럼 타인과의 만남을 어떻게 생각하느냐에 따라 관계가 달라진다. 우연으로 생각하는 사람은 대수롭지 않게 대할 것이고, 기적처럼 생각하는 사람은 최선을 다해 정성껏 대할 것이다.

다도(茶道)와 불가(佛家)에서 쓰이는 말에 '일기일회(一期一會)'라는 사자성어가 있다. '평생 단 한 번의 만남' 또는 '평생 단 한 번의 만남처럼 생각하고 다른 사람을 대하는 마음가짐'을 의미하는데, 사회생활에서는 만남을 기적처럼 생각하고 모든 사람을 일기일회의 마음으로 대하려는 자세가 중요하다.

셋째, 나와 당신의 태도로 대화하라.

오스트리아 철학자 마틴 부버에 의하면 사람들의 대인관계는 '나와 그것' 또는 '나와 당신'의 태도로 구분된다. '나와 그것'은 다른 사람들을 사물이나 풍경처럼 생각하며 피상적인 관계에 머물고 자신을 위해 이용하려 든다. '나와 당신'은 다른 사람들을 소중하게 생각하고 사랑과 애정을 주고받으며 진실한 관계를 추구한다. 우리가 '나와 그것', '나와 당신' 중에서 어떤 태도를 지니느냐에 따라 삶이 본질적으로 달라지게 된다.

일본 야규 가문의 가훈에 "소재(小才)는 연(緣)을 만나도 연인 줄 모르고, 중재(中才)는 연을 만나도 연을 살리지 못하고, 대재(大才)는 옷깃을 스치는 인연까지도 살린다."라는 말이 있다. 재주가 부족한 사람은 좋은 인연을 만나도 알지 못하고, 재주가 어중간한 사람은 좋은 인연을 만나도 이어가지 못하고, 재주가 뛰어난 사람은 작은 만남도 큰 인연으로 발전시킨다는 뜻이다. 이처럼 좋은 인연이라는 것은 저절로 주어지는 것이 아니라 내가 사람을 얼마나 소중하게 생각하고 정성을 기울이느냐에 따라 달라진다.

인기리에 방영되었던 드라마 〈제빵왕 김탁구〉에서 주인공 김탁구의 스승으로 나오는 팔봉 선생은 "사람보다 소중한 것은 세상에 아무것도 없다."라는 유언을 남긴다. 미국 강철왕 헨리 카이저 역시 "인간은 저마다 신의 아들이므로 모든 인간이 중요하다는 사실을 잊지 않는다면 자연스럽게 좋은 대인관계를 유지할 수 있을 것이다."라고 말했다.

원만한 사회생활과 성공적인 인간관계를 위해서는 사람들을 신의 아들처럼 생각하고 일기일회의 마음으로 정성껏 대해야 한다. 지금부터 사람들을 만나면 '나와 당신'의 태도로 대하라. 진실하고 깊은 신뢰를 형성할 수 있을 것이다.

공감하고 싶으면 먼저 공감을 결심하라

정현종 시인의 "모든 순간이 꽃봉오리인 것을"이라는 시에 보면 다음과 같은 구절이 나온다.

나는 가끔 후회한다.
그때 그 일이
노다지였을지도 모르는데 ……

그때 그 사람이
그때 그 물건이
노다지였을지도 모르는데 ……

더 열심히 파고들고
더 열심히 말을 걸고
더 열심히 귀 기울이고
더 열심히 사랑할 걸 ……

세상에서 가장 좋은 관계는 잘 통하는 사람이다. 우리는 말이 통하는 사람, 필이 통하는 사람, 코드가 통하는 사람과 함께 있고 싶어 한다. 직장에서도 마찬가지다. 소통이 잘되면 원만한 인간관계와 원활한 업무 추진이 이뤄지지만 소통이 안 되면 갈등과 불화가 발생한다.

세상에는 다섯 가지의 소통이 있다. 아예 작동하지 않는 먹통, 자신의 생각만을 주장하는 고집불통, 어느 정도 교류가 이뤄지는 소통, 활발하게 교류가 이뤄지는 대통, 귀신과도 통할 수 있는 신통. 아쉬운 일은 대통과 신통이 아니라 먹통과 고집불통이 점점 늘어나고 있다는 사실이다.

왜 그럴까? 지구촌 시대라 불리는 현대사회에서는 교통과 통신,

인터넷의 발달로 인해 인간관계가 점점 확대되고 있다. 따라서 개인이 수행해야 할 사회적 책임과 역할이 갈수록 증가한다. 반면에 특정인과의 소통에 할애할 수 있는 시간은 상대적으로 줄어들 수밖에 없다.

예를 들면 이렇다. 자녀와의 소통은 매우 중요하지만 직장생활에 바쁜 아버지가 하루에 자녀와 10분 이상 대화를 나누는 가정은 30%에도 미치지 못한다. 나머지 70% 이상은 10분 미만의 형식적인 대화에 머문다. 그 결과 고민이 생겼을 때 아버지와 상의한다는 자녀의 비율은 불과 4%를 넘지 않는다.

미국 대학생의 68%가 "아버지와 TV 중 한 가지만 선택하라면?"이라는 질문에 TV를 선택하였다. 아버지가 아니다! 영국의 문화인류학자 로빈 던바는 "진정한 의미에서 사회적 관계를 맺을 수 있는 사람은 150명 정도"라고 말했다. 이런 사실들을 종합해 보면 수많은 사람과 관계를 맺어야 하는 현대인은 소통에 근본적인 어려움을 안고 살 수밖에 없다.

이 외에도 소통에 장애가 발생하는 데는 여러 가지 이유가 존재한다. 크게 분류하면 세 가지로 구분할 수 있다.

첫째, 마인드에 관련된 것으로 고정관념, 편견, 이기주의, 폐쇄적인 문화, 소극적인 자세 등이다. 회사 내에서 소통이 원활하지 못한 대표적인 이유는 부서 이기주의 때문이다. 소통을 위해서는 개인이나 조직이 개방적인 마음, 문화를 갖는 것이 중요하다.

둘째, 소통 채널에 관련된 것으로 사람과 상황에 적합한 커뮤니케이션 경로를 마련하는 것이 중요하다. 직장에서 임직원, 부서 간에 직접적, 다양한 소통 채널이 없으면 원활한 소통이 불가능해진다.

셋째, 대화법에 관련된 것으로 적절한 커뮤니케이션 스킬을 갖추지 못하면 의사소통에 오해나 변형, 누락 등이 발생한다. 이를 해결하려면 올바른 설명, 지시, 보고, 질문, 경청법 등에 대해 학습이 필요하다.

이렇게 세 가지 유형의 장애 요인을 개선해야 소통과 공감이 가능해진다. 가정, 직장, 사회에서 소통을 잘하려면 다음과 같이 실천해야 한다.

첫째, 눈치 빠른 남편(아내)이 되라.

부부간에 소통이 어려운 이유는 남자와 여자의 성향, 대화법이 다르기 때문이다. 여자들은 구체적인 내용으로 대화하고 싶어 하지만 남자들은 간략한 내용으로 이야기하는 것을 좋아한다. 여자들이 고민, 불평을 말할 때는 해답을 찾기 위해서라기보다는 공감, 위로, 지지받고 싶어 하기 때문이다. 그렇지만 이런 사실을 이해하지 못하는 남자들은 해결책을 마련하기 위해 고민에 빠진다.

부부간에 소통이 잘 되려면 남자와 여자의 차이점을 이해하고 항상 상대방의 말을 공감해야 한다. 직장에서만 상사의 눈치를 보지 말고 가정에서도 배우자의 생각, 감정을 헤아리려 노력하라. 눈치가 없으면 부부간 소통에 장애가 발생한다.

둘째, 자녀들의 눈높이에 맞춰 소통하라.

자녀와의 소통이 어려운 이유는 세대 차이의 영향이 크다. 대부분의 부모들은 복장, 헤어스타일, 휴대폰 사용, 친구 교제 등 여러 가지 문제를 놓고 자녀들과 의견 충돌을 나타낸다. 그러나 이런 것들은 지극히 당연하고 정상적인 것이며 오히려 문제가 되는 것은 충분한 대화를 나누지 않는다는 사실이다.

자녀와의 소통을 위해서는 구체적으로 대화 시간을 정해 놓는 것, 그리고 다양한 채널을 통해 소통하려는 노력이 중요하다. 아침이나 저녁을 함께 먹을 때, 또는 주말에 운동, 외식, 여행을 함께하면서 대화를 나눌 수 있는 시간을 정해 놓는 것이 필요하다.

평상시에는 문자, 메일, 메신저 등을 통해 대화하는 것이 자연스럽게 소통할 수 있는 최고의 방법이다. 내 경우에는 매일 아침 아이들에게 명언을 문자로 보내고, 중학교에 재학 중인 아들과는 트위터를 통해, 대학생인 딸과는 카카오톡을 활용해 대화를 나눈다. 자녀들과 소통하려면 아이들의 눈높이에 맞춰 대화해야 한다.

셋째, 개방적인 선후배, 동료가 되라.

취업포털 커리어가 직장인 660명을 대상으로 '최고의 팀장'에 대해 설문 조사하였다. 그 결과 '원활한 의사소통을 이끌어 내는 커뮤니케이션형 팀장'(37.1%)이 1순위를 차지하였다. 반면에 자신의 팀장에 대해서는 '원활하지 못한 커뮤니케이션'(29.4%)을 첫 번째 문제점으로 지적하였다. 다른 조사에 의하면 직장에서 고민이 생겼을 때 상사, 동료와 해결하기보다는 '혼자 해결한다.'는 대답이 34.7%로 가장 높게 나타났다. 이 역시 소통의 부재가 만들어 낸 현실이라 생각된다.

직장에서 소통이 어려운 이유는 개방적이지 못한 성격, 또는 문화 때문이다. 소통은 마음속에 있는 생각을 숨김없이 드러낼 수 있어야 원활하게 이뤄진다. 따라서 이를 위해서는 열린 마음, 열린 문화를 지녀야 한다. 권위적인 태도, 고정관념이나 편견을 버리고 다른 사람들의 생각과 의견을 있는 그대로 존중하며 받아들일 줄 알아야 소통이 원활해진다. 직장에서 흔히 들려오는 '시키는 대로 해'와 같은 말은 소통을 불가능하게 만든다.

소통(疏通)과 동음이의어에 소통(疎筒)이 있다. 소통(疎筒)은 불교에서 사용되는 법회의식 용구의 하나로 불교 신도들이 소원하는 글을 적어 넣어 두는 통을 말한다. 어떻게 보면 소통을 잘하는 길은 간절하게 소원하는 것이다.

사전적 의미로 소통은 "뜻이 통하여 서로 오해가 없음"을 의미한다. 즉, 소통은 서로의 생각이 일치하는 것이 아니라 서로가 가진 생각과 관점을 올바르게 이해하는 것이다. 따라서 올바른 소통은 내가 먼저 상대방의 생각과 감정, 입장을 정확하게 이해하려고 노력해야 한다. 그리고 이런 노력은 상대방과 공감하고 싶다는 간절한 소망이 있어야 가능하다. 성공적인 인간관계를 원한다면 간절하게 공감을 소망하고, 굳게 공감을 결심하라. 공감은 신뢰와 친밀함을 형성하는 첫 번째 핵심 비결이다.

'조해리의 창'을 통해 타인의 마음을 바라보라

"세상에서 가장 어려운 일이 뭔지 아니?"

"흠…… 글쎄요, 돈 버는 일? 밥 먹는 일?"

"세상에서 가장 어려운 일은 사람이 사람의 마음을 얻는 일이란다. 각각의 얼굴만큼 다양한 각양각색의 마음을. 순간에도 수만 가지의 생각이 떠오르는데 그 바람 같은 마음이 머물게 한다는 건 정말 어려운 거란다."

– 생텍쥐페리의 〈어린 왕자〉중에서

마음이란 무엇일까? 동양철학에서는 마음을 인체를 다스리는 주인과 같은 것으로 이해하고 있다. 반면에 서양의 정신과학은 마음은 뇌의 활동에 불과하며 일정한 자극을 받으면 연쇄적으로 반응하는 메커니즘일 뿐이라고 주장한다. DNA를 발견한 과학자 프란시스 크릭은 "우리가 갖고 있는 즐거움과 슬픔, 소중한 기억, 포부, 자유 의지 등은 실제로는 신경세포의 거대한 집합, 또는 그 신경세포들과 연관된 분자들의 작용에 불과하다."라고 설명한다.

　어느 쪽 의견이 옳은지는 분명하지 않지만 마음이란 매우 복잡하고 이해하기 어려운 존재라는 사실만큼은 변함없다. 아마도 생텍쥐페리의 말처럼 세상에서 가장 어려운 일은 다른 사람의 마음을 얻는 일일 것이다. 그렇지만 우리는 사람의 마음을 이해하기 위해 지속적으로 노력해야 한다. 몇 년 전, 템플 스테이에 참가해 다담(茶談)을 나누며 스님에게 질문을 하였다.

나: "스님, 사람의 마음을 얻으려면 어떻게 해야 합니까?"
스님: "먼저 마음이 어디에 있는지 알아야 하는데 혹시 알고 있습니까?"
나: "잘 모르겠습니다."
스님: "마음은 …… 마음은 콩밭에 있습니다. 누군가의 마음을 얻으려면 그 사람의 마음이 머무는 콩밭을 알아야 합니다. 어떤

사람의 콩밭은 돈이요, 어떤 사람의 콩밭은 건강이고, 어떤 사람의 콩밭은 가족입니다. 상대방의 마음이 가 있는 콩밭으로 찾아가야 그 사람의 마음을 만날 수 있고 얻을 수 있습니다."

스님의 말씀은 마치 선문답 같았지만 내게 적잖은 충격과 깨달음을 안겨 주었다. 그날 밤 나는 '마음은 콩밭'에 있다는 말을 떠올리며 사람의 마음을 이해하는 방법에 대해 다른 관점에서 생각해 볼 수 있었다.

사람의 마음은 불가사의한 것이다. 미국 심리학자 윌리엄 제임스의 "우리 세대의 가장 위대한 발견은 사람은 자기 마음가짐을 고치기만 하면 자신의 인생까지도 고칠 수 있다는 것이다."라는 말은 매우 긍정적이다. 로렌스 던피의 "닫힌 마음은 수수께끼와 같다. 그 마음속으로는 아무것도 들어가는 법이 없다. 더 신기한 것은 아무것도 나오지 않는다는 것이다."라는 말은 매우 아쉬움을 안겨 준다. 당최 이해하기 어렵다. 어쩔 수 없이 더 많은 시간과 노력을 마음을 이해하는 데 투자해야 한다.

마음의 역할을 설명하는 이론에는 '조해리의 창(Johari Window)'이 있다. 심리학자인 조셉 루프트(Joseph Luft)와 해리 잉램(Harry Ingham)에 의해서 개발되었는데 두 사람의 이름을 합성해 '조해리의 마음의 창'이라고 명명되었다. '조해리의 창'은 사람의 마음을 네 가지로 영역으로 구분하고 있다.

〈조해리의 창〉

	내가 알고 있는 정보	내가 모르는 정보
상대방이 알고 있는 정보	공개적 영역 (Open area)	맹목적 영역 (Blind area)
상대방이 모르는 정보	숨겨진 영역 (Hidden area)	미지의 영역 (Unknown area)

첫 번째 영역은 공개적 영역(open area)이다. 나에 관한 정보 중에서 나도 알고 있고 상대방에게도 알려져 있는 영역을 의미한다. 이 영역에서는 상호 간에 개방적인 소통과 공감 형성이 가능해진다.

두 번째 영역은 숨겨진 영역(hidden area)이다. 나는 알고 있지만 상대방에게는 알려지지 않은 정보를 의미한다. 공개되지 않은 과거의 경험, 잘못이나 실수, 비밀처럼 다른 사람에게 숨겨져 있는 부분을 뜻한다. 이 영역에서는 자기공개가 선행되어야만 소통과 공감이 가능해진다.

세 번째 영역은 맹목적 영역(blind area)이다. 특이한 말버릇, 태도, 습관, 성격과 같이 상대방은 알고 있지만 자신은 인식하지 못하는 정보를 의미한다. 이 영역에서는 상대방으로부터 피드백이 선행되어야만 소통과 공감이 가능해진다.

네 번째 영역은 미지의 영역(unknown area)이다. 나도 모르고 상대방도 알지 못하는 영역이다. 이 영역에서는 소통과 공감 형성이 불가능해진다.

조해리의 창은 자기공개 및 피드백 정도에 따라 네 가지 영역의 크기가 달라진다. 타인에게 자신의 내면을 많이 알리고, 타인의 피드백을 많이 수용할수록 공개적 영역이 넓어진다. 공개적 영역이 넓어질수록 인간관계가 가까워지고 성숙된다.

반면에 자신의 모습을 드러내지 않고 숨기거나 타인으로부터의 피드백이 원활하지 않으면 숨겨진 영역, 맹목적 영역이 넓어지며 단절, 오해, 갈등이 발생한다. 마지막으로 미지의 영역이 넓게 나타나면 고립적인 관계 속에서 심리적 장애를 겪을 가능성이 높아진다.

조해리의 창은 인간관계와 공감 형성에 매우 유용한 분석 도구로 사용될 수 있다. 우리는 타인과의 의사소통을 통해 서로의 생각과 감정을 주고받는다. 그리고 조해리의 창에서 알 수 있는 것처럼 공개적 영역을 얼마나 넓게 공유하느냐에 따라 관계의 깊이가 결정된다.

누군가와 친밀한 관계를 형성하려면 상대방의 미지의 영역에 대해 더욱 많은 관심을 기울이고, 상대방이 자신의 정보를 공개할 수 있도록 촉진해야 한다. 반대로 이를 위해서는 나의 숨겨진 영역을 상대방에게 적극 공개하려는 노력이 필요하다.

가족이나 주변 사람들을 둘러보고 조해리의 창을 분석해 보라. 누군가의 마음을 얻으려면 먼저 그 사람의 콩밭을 알아야 한다.

눈치를 키워야 공감력이 강화된다

"인간에게는 체온이 있다. 기쁨, 슬픔, 존경, 증오, 시기, 열의, 반발 같은 다양한 감정이 섞여 인간의 체온이 된다. 직접 만나 이해하고 서로의 체온을 느끼지 않으면 좋은 인간관계를 유지할 수 없다."

일본 마쓰시타 전기의 창업자이며 아사히신문이 발표한 '과거 1000년간 가장 위대한 경영인' 1위에 선정되었던 경영의 신(神), 마쓰시타 고노스케가 남긴 말이다. 그는 직원들에게 "마쓰시타는 인간을 만드는 회사입니다. 그리고 전기제품도 만듭니다."라고 대답하도록 교육시켰다. 그만큼 인간 존중의 철학을 토대로 기업을 경영했던 사람이었다.

마쓰시타 고노스케의 말처럼 좋은 관계를 유지하려면 서로를 이해하고, 서로의 체온을 느껴야 한다. 즉, 상호 간의 공감이 절대적으로 필요하다.

마음을 다스리는 글들

- 마음은 극히 주관적인 장소이므로, 그 안에서는 지옥도 천국이 될 수 있고 천국이 지옥으로 될 수도 있다. (존 밀튼)
- 인간에게는 언제나 불운에서 구원을 받는 장소가 있다. 이 장소는 바로 자신의 마음이다. (마르쿠스 아우렐리우스)
- 운명이란 다른 곳에서 찾아오는 것이 아니고 자기 마음속에서 성장하는 것이다. (헤르만 헤세)
- 매일 수염을 깎는 것처럼 마음도 매일 다듬지 않으면 안 된다. (마틴 루터)
- 우리는 늙기 마련이지만 그렇다고 마음까지 늙을 필요는 없다. (조지 번스)
- 노인이란 얼굴보다 마음에 보다 많은 주름이 잡힌 사람이다. (몽테뉴)
- 마음은 낙하산과 같은 것이다. 그것은 열려야만 쓸모가 있는 것이다. (조셉 폴트 뉴턴)
- 귀로 듣지 말고 마음으로 들어라. (장자)
- 마음의 문을 여는 손잡이는 안쪽에만 달려 있다. (헤겔)
- 행복을 얻는 데 가장 큰 장애물은 더 큰 행복을 바라는 마음이다. (퐁트넬)

- 사람이 부끄러워하는 마음이 없음을 부끄러워할 줄 안다면 부끄러워 할 일이 없다. (맹자)
- 눈을 뜨라! 행복의 열쇠는 어디에나 떨어져 있다. 기웃거리기 전에 먼저 마음의 눈을 닦으라. (앤드루 카네기)
- 아름다움을 찾으려고 온 세상을 두루 헤매도 스스로의 마음속에 아름다움을 지닌 사람이 아니면 그것을 찾을 수 없는 법이다. (랄프 왈도 에머슨)

인터넷에 다음과 같은 이야기가 있다.

한 사진작가가 옆집으로부터 저녁 식사에 초대를 받았다. 자신의 솜씨를 자랑하고 싶었던 작가는 직접 찍은 사진 몇 장을 주머니에 넣고 옆집을 방문했다. 저녁식사가 끝난 후 거실에서 대화를 나누는 시간이 되자 작가는 사진을 꺼내 사람들에게 보여주었다. 이때 옆집 부인이 눈치가 빠른 사람이라면 어떻게 행동했을까? 틀림없이 다음과 같은 칭찬의 말을 사진작가에게 건넸을 것이다.

"어머, 정말 사진을 잘 찍으시네요. 사진이 마치 예술작품 같아요."

그런데 유감스럽게도 옆집 부인은 눈치가 둔치요, 게다가 싸가

지까지 약간 없는 사람이었던 모양이었다. 인터넷에는 다음과 같이 말한 것으로 적혀 있다.

"어머, 사진기를 무척 비싼 걸 쓰시나 봐요. 사진이 정말 잘 나왔네요."

칭찬은커녕 사진작가의 자존심에 상처를 주는, 몹시 기분 나쁜 말을 해 버리고 만 것이다. 사진작가는 몹시 화가 났지만 아무런 내색을 하지 않고 차를 마셨다. 이윽고 돌아올 시간이 되자, 사진작가는 현관을 나서며 웃는 표정으로 부인에게 인사말을 건넸다.

"냄비를 무척 비싼 걸 쓰시나 봐요. 오늘 먹은 음식이 아주 맛있더군요."

옆집 주인은 눈치가 없었던 탓에 자신이 만든 음식도 냄비가 좋아서 그런 것 아니냐는 빈정거림을 작가에게 되돌려 받은 것이다. 역시 가는 말이 고와야 오는 말도 고운 법이고, 내가 먼저 상대방을 공감해 줘야 상대방도 나를 공감해 주기 마련이다.

✳✳✳

어떤 술집에서 한 남자가 심각한 표정으로 술을 마시고 있었다. 오래된 단골손님이라 걱정이 된 웨이터가 옆으로 다가가 물었다.

웨이터: "사장님, 무슨 안 좋은 일이라도 있으십니까? 오늘따라

술을 과음하시는 것 같네요."

손님: "글쎄 말이야, 얼마 전에 아내와 심하게 말다툼을 했지 뭔
　　가. 그랬더니 나랑은 한 달 동안 말을 하지 않겠다는 거야."

웨이터: 부부싸움은 칼로 물 베기라는 말도 있잖습니까? 며칠
　　　지나면 다시 화해하고 대화하시게 될 겁니다. 너무 걱정 마
　　　세요."

손님: "이 사람이 무슨 엉뚱한 소리를 하는 거야? 내가 술을 먹
　　는 이유는 오늘이 그 한 달째 되는 마지막 날이기 때문이야.
　　내일부터는 다시 대화를 해야 한다고!"

이 두 개의 이야기는 인터넷에 떠도는 유머를 약간 각색한 것이다.
사전에 의하면 눈치란 (1) 남의 마음을 그때그때 상황을 미루어 알
아내는 것. (2) 속으로 생각하는 바가 겉으로 드러나는 어떤 태도를
의미한다. 다시 말해서 눈치가 빠른 사람이라고 말할 때는 1번의 의
미가 되고, 눈치를 살핀다고 말할 때는 2번의 의미가 되는 셈이다.
소통과 공감을 잘하려면 다음과 같이 눈치를 키워야 한다.

첫째, 눈치는 눈으로 공감하는 능력이다.

사람의 생각과 감정은 눈, 표정, 몸동작을 통해 드러난다. 다른 사
람과 대화를 할 때는 상대방의 눈빛과 표정, 태도, 자세, 제스처를

세밀하게 관찰해야 한다.

둘째, 눈치는 귀로 공감하는 능력이다.

사람의 말에는 감정이 실려진다. 다른 사람과 대화를 나눌 때는 목소리의 뉘앙스, 말투, 사용하는 단어나 문장의 독특한 표현에 세심한 주의를 기울여야 한다.

셋째, 눈치는 머리로 공감하는 능력이다.

눈치는 상대방이 표현하지 않는 내면의 생각과 감정을 파악하는 것이다. 겉으로 드러나는 말과 행동에만 집중하지 말고 이면에 숨겨진 의미들을 찾기 위해 노력해야 한다.

눈치는 간혹 부정적인 의미로 사용되기도 하지만 소통과 공감을 위해 반드시 갖춰야 할 능력이다. 물론 뚜렷한 주관 없이 지나치게 눈치를 살피는 행동은 바람직하지 않다. 그렇다고 다른 사람의 눈치를 전혀 보지 않거나 다른 사람의 눈치를 잘 살필 줄 모르는 사람은 소통과 공감에 어려움을 겪게 된다.

『감성지능 EQ』의 저자 대니얼 골먼은 사회성이 제대로 발달되지 못한 사람들을 '어둠의 유형'이라고 명칭하였다. 어둠의 유형에 해당되는 사람은 공감 능력이 낮기 때문에 타인의 생각과 감정을 잘 헤아리지 못한다. 결국 대인관계와 사회생활에 심각한 문제가 발생된다. 꾸준한 노력과 연습을 통해 눈치 빠른 사람이 돼 보자.

눈치지수 체크리스트

　나의 눈치지수는 어느 정도 수준인지 알아보자. 아래 항목을 읽고 자신에게 해당되는 점수를 1~10점 사이에서 적은 후 각각의 점수를 모두 합산하라.

전혀 그렇지 않다	그렇지 않다	보통이다	그렇다	매우 그렇다
2	4	6	8	10

1. 나는 눈치가 빠르다는 이야기를 많이 듣는 편이다. ‥(　)
2. 나는 모임이나 회의에 참석하면 분위기를 파악하기
　위해 주의를 기울인다. ‥‥‥‥‥‥‥‥‥‥(　)
3. 나는 사람들의 생각과 기분을 파악하기 위해
　주의를 기울인다. ‥‥‥‥‥‥‥‥‥‥‥(　)

4. 나는 사람들의 눈빛에 주의를 기울인다. ・・・・・( )

5. 나는 사람들의 표정에 주의를 기울인다. ・・・・・( )

6. 나는 사람들의 제스처(손짓, 팔짓, 고갯짓)에 주의를
  기울인다. ・・・・・・・・・・・・・・・・・( )

7. 나는 사람들의 몸동작(태도, 자세)에 주의를 기울인다. ・( )

8. 나는 상대방의 목소리의 뉘앙스에 주의를 기울인다. ・・( )

9. 나는 상대방이 사용하는 단어, 문장 표현에 주의를
  기울인다. ・・・・・・・・・・・・・・・・( )

10. 나는 상대방이 하는 말의 이면에 깔려 있는 생각,
  감정에 주의를 기울인다. ・・・・・・・・・・・・( )

(해설)

가) 81점 이상

눈치가 매우 빠르며 다른 사람들의 생각과 감정을 쉽게 잘 파악할 수 있다. 여기에 해당되는 사람은 9~10번 항목에 조금 더 관심을 기울이면 된다. 대화를 할 때는 상대방이 겉으로 드러내지 않는 내면의 생각과 감정을 파악하도록 노력해야 한다.

나) 50~80점

눈치가 보통이며 상황에 따라서는 다른 사람의 생각과 감정을

잘 파악하지 못한다. 여기에 해당되는 사람은 4~8번 항목을 중점적으로 훈련해야 한다. 대화를 할 때는 눈빛, 표정, 목소리, 몸동작의 변화를 살펴보며 상대방의 생각, 감정을 파악해야 한다.

다) 50점 미만

눈치가 매우 부족하며 다른 사람들의 생각과 감정을 알아차리기 어렵다. 여기에 해당되는 사람은 1~3번 항목에 관심을 기울여야 한다. 평소에 다른 사람의 생각과 감정을 파악하기 위해 주의를 기울이는 습관을 들여야 한다.

먼저 상대방에게 주파수를 맞춰라

인간관계의 비결은 관심, 공감, 배려다. 다시 한 단어로 줄이면 공감이다. 관심만 있고 상대방의 마음을 공감하지 못하면 인간관계는 친밀해지지 않는다. 또한 상대방의 마음을 공감하지 못하고 베푸는 배려는 감동을 가져다주기 어렵다. 공감만이 사람과 사람을 연결시키고 서로의 마음을 통하게 만드는 주파수가 된다.

초등학교 6학년 때, 매우 신기한 경험을 한 적이 있다. 내가 살던 집에서 1km 정도 떨어진 곳에 친구 한 명이 살고 있었다. 어느 날

오후, 집에서 출발해 친구의 집으로 놀러 가는데 무심코 처음 가보는 골목길로 접어들게 되었다. 그런데 한참을 걸어가던 중 앞을 바라보니 놀랍게도 그 친구가 반대 방향에서 걸어오는 것이었다. 신기한 마음에 물어보니 그 친구 역시 그 길로는 처음 걸어왔다고 말한다. 이때부터 나는 사람의 뇌에 텔레파시 같은 초능력이 존재한다는 사실을 한 번도 의심해 본 적이 없다. 추측해 보건데 나와 친구의 주파수가 그 순간에 서로 맞았던 것이리라.

고등학교 3학년 때는 또 다른 일을 경험해 보았다. 여름방학을 맞아 시골 이모님 댁에 놀러 갔다가 한 여학생을 사귀게 되었다. 일주일 후 집주소를 주고받은 뒤 헤어졌는데, 그 뒤부터는 전혀 연락이 되질 않았다. 편지를 수십 통 써서 보냈지만 아무런 답장이 없었다. 몇 달을 기다리다 친구와 함께 찾아가 보니 몇 달 전에 이사를 가 버린 상황이었다. 어쩔 수 없이 그녀에 대한 생각을 접고, 코앞에 닥친 대입시험 준비에 마음을 다져 먹었다.

그러던 어느 날, 수업을 마치고 집 대문을 들어서던 순간이었다. 안방에서 들려오는 전화벨 소리를 들으며 나는 직감적으로 그 여학생에게서 걸려 온 전화라는 것을 느낄 수 있었다. 전화를 받아 보니 역시 그랬다. 지금도 어떻게 알 수 있었던 것인지 이해가 되질 않는다. 아마도 그 순간에 나와 그 여학생의 주파수가 통했던 것이리라.

최근에 나는 EBS 라디오 〈성공시대〉에 고정출연하고 있다. 애청자 게시판에 올라오는 고민을 상담해 주며 10여 분 정도 미니특강을 진행한다. 지난주에는 '갈등과 인간관계'라는 주제로 강의했는데 많은 사람들이 게시판에 글을 올려 주었다. 그중에서도 가장 큰 반응을 얻은 것은 "꼽게 보지 말고 곱게 보라"는 말이었다. 적이나 원수를 만들지 않으려면 다른 사람을 곱게 봐야 한다는 내용이었다. 다수의 사람들이 공감의 글을 올렸는데 아마도 자신들의 생각과 주파수가 맞았던 것이리라.

세상에서 가장 좋은 사람은 누구인가? 얼굴 표정, 눈빛만 봐도 통하는 사람이다. 따라서 누군가와 좋은 관계를 맺고 싶다면 상대방과 통해야 한다. 그런데 통한다는 것은 상대방에게 주파수를 맞추는 일이다. 〈성공시대〉를 듣고 싶으면 FM 104.5MHz에 채널을 맞춰야 하고 〈세계는 그리고 우리는〉을 듣고 싶으면 FM 95.9MHz에 채널을 맞춰야 한다.

다른 사람의 이야기를 잘 알아듣고 싶으면 그 사람의 주파수에 채널을 맞춰야 한다. 그러나 유감스럽게도 많은 사람들이 자신의 채널을 돌리지 않는다. 상대방의 주파수가 어떻게 되는지도 알려고 노력하지 않는다. 그러면서 항상 "알아들을 수 없네요.", "이해가 안 됩니다."라는 말만 되풀이한다. 주파수를 맞추지 않으면 상대방의 말이 이해가 안 되는 것은 당연한 일이다. 상대방의 주파수에 내 주파수를 맞춰야 서로를 이해할 수 있고 소통할 수 있다.

소통과 공감을 위해서는 다음과 같이 주파수를 맞춰야 한다.

첫째, 상대방의 마음에 주파수를 맞춰라.

공감을 위해서는 상대방의 마음에 주파수를 맞춰야 한다. 상대방이 잘 아는 것, 좋아하는 것, 말하고 싶어 하는 주제에 대해 귀를 열어라. 내 마음이 아니라 상대방의 마음에 관심을 기울이고 주파수를 맞춰라.

둘째, 상대방의 목소리에 주파수를 맞춰라.

라디오 주파수는 지역과 상황에 따라 채널을 조절해야 한다. 커뮤니케이션도 마찬가지다. 대화가 계속되다 보면 잡음도 생겨나고, 상대방의 음량이 줄어들기도 하며, 다른 채널과 혼신을 빚기도 한다. 이런 경우 라디오 채널을 새로 맞추듯이, 대화를 할 때도 지속적으로 상대방의 목소리에 주파수를 맞춰야 한다.

셋째, 상대방의 말과 행동에 주파수를 맞춰라.

미국 캘리포니아 대학교 로렌스 로젠바움 교수의 연구 결과에 의하면 사람은 타인과 대화를 나눌 때 상대방의 표정, 음성, 말투, 버릇이나 자세 등을 무의식적으로 흉내 낸다. 이런 모방이 공감과 친밀감 형성에 도움이 되기 때문이다. 따라서 누군가와 대화할 때는 상대방의 말을 요약하고 반복해 주는 백트래킹(backtracking), 상대방의 자세, 움직임과 몸짓 등을 따라 하는 미러링(mirroring), 상대방의 호흡, 목소리의 음조, 빠르기와 일치시키는 페이싱(pacing)을 시도하는 것이 바람직하다.

소통과 공감을 잘하려면 상대방에게 주파수를 맞춰야 한다. 지금 당신은 몇 MHz인가?

여섯 가지 정황에 대해 공감하라

미국 스티븐 코비(Stephen R. Covey)가 쓴 『성공하는 사람들의 일곱 가지 습관』에 보면 다음과 같은 일화가 소개되어 있다.

일요일 아침, 뉴욕의 지하철은 매우 조용하고 평화로운 분위기로 가득했다. 한적한 지하철 안에서 자리에 앉은 승객들은 신문을 읽거나 저마다 생각에 잠겨 있었다. 그것도 잠시, 두 명의 어린아이가 아버지로 보이는 사람과 함께 지하철에 타면서부터 한바탕 소동이 벌어지기 시작했다.

아이들은 지하철 안을 이리저리 뛰어다니며 시끄럽게 떠들었고, 심지어 서로 장난을 치는 과정에서 다른 승객이 읽고 있던 신문을 떨어뜨리기까지 했다. 그런데도 아버지로 보이는 남자는 잠자코 자리에만 앉아 아무런 표정 없는 눈빛으로 지하철 바닥만 바라보고 있을 뿐이었다.

지하철에 있던 모든 사람들은 아이들의 버릇없는 행동과 아버지의 무책임함에 짜증을 느끼기 시작했다. 만약 여러분이 그 자리에 있었다면 어떤 기분이 들었겠는가? 그리고 어떻게 반응했을까? 나는 인내심에 한계를 느끼고 그 남자에게 다가가 말했다.

"선생님의 아이들이 다른 사람들에게 큰 불편을 끼치고 있습니다. 이제 그만하고 얌전히 자리에 앉아 있으라고 말씀 좀 하셔야 되지 않겠습니까?"

그러자 그 남자는 천천히 고개를 들어 나와 주변 사람들을 살펴보더니 힘없는 목소리로 말했다.

"그렇군요. 저도 뭔가 어떻게 해 봐야겠다고 생각하고 있던 중입니다. 그런데 사실 지금 막 병원에서 돌아오는 길인데 한 시간 전에 저 아이들의 엄마가 갑작스럽게 죽었답니다. 저는 눈앞이 캄캄해서 무엇을 어떻게 해야 좋을지 판단이 잘 되질 않고, 저 아이들 또한 어떻게 행동해야 하는지 혼란스러워하는 것 같습니다. 정말 미안합니다."

그 순간, 나는 상황을 다르게 보기 시작했고, 다르게 생각하고, 다르게 느끼기 시작했다. 아이들로 인해 느꼈던 짜증은 순식간에 사라져 버렸고, 나의 마음속에는 아이들과 아버지가 느끼고 있을 슬픔에 대한 연민으로 가득 채워졌다. 나는 그 남자에게 따뜻한 위로의 말을 건넸다.

"저런, 방금 전에 부인이 돌아가셨다고요? 뭐라고 위로의 말씀을 드려야 할지 모르겠군요. 혹시라도 제가 도와드릴 일이 있을까요?"

스티븐 코비는 자신이 경험한 사례를 예로 들며 패러다임의 중요성을 설명하고 있다. 어떤 패러다임을 갖고 바라보느냐에 따라 인식하는 것이 달라지며, 주관적인 패러다임에 사로잡힐 경우 잘못된 오해에 빠질 수 있다는 점을 강조하고 있다. 소통과 공감도 마찬가지다. 타인과의 공감을 위해서는 상대방의 상황을 다양한 패러다임으로 바라봐야 한다. 심리학자 커트 레빈은 특정 개인을 파악할 때, 그 사람이 처해 있는 여러 가지 환경을 함께 고려해야 한다고 말한다.

공감은 다음과 같은 여섯 가지 정황에 대해 개방적인 패러다임을 갖고 상대방을 이해해야 한다.

I. 직업적 정황

상대방이 하고 있는 일, 업무, 비즈니스와 관련된 환경에 주의를 기

울여야 한다. 학생이라면 공부, 직장인이라면 업무, 사업가라면 비즈
니스와 관련된 입장과 상황을 공감하려 노력해야 한다.

2. 육체적 정황

상대방의 육체적 조건, 환경에 대해 주의를 기울여야 한다. 신체적
장애, 건강과 질병, 피로감, 체력 등에 관련된 환경을 공감하려 노력
해야 한다.

3. 정신적 정황

상대방의 정신적 환경에 대해 주의를 기울여야 한다. 내면에 형
성되어 있는 긍정적 감정, 부정적 감정을 공감하기 위해 노력해야
한다.

4. 가족적 정황

상대방의 가족 관계에 관련된 환경에 주의를 기울여야 한다. 부모,
형제, 배우자, 자녀 등과 관련하여 어떤 입장, 상황에 놓여 있는지를
공감하기 위해 노력해야 한다.

5. 재정적 정황

상대방의 재정적 환경에 주의를 기울여야 한다. 재산, 금전, 채무,

재정적 압박, 지불 능력 등을 공감하기 위해 노력해야 한다.

6. 사회적 정황

상대방의 사회적 환경에 주의를 기울여야 한다. 교육, 단체, 모임, 취미, 정치적 성향, 종교적 신념 등을 비롯한 다양한 사회적 입장과 상황을 공감하기 위해 노력해야 한다.

이렇게 여섯 가지 정황을 헤아릴 수 있어야 소통과 공감의 폭이 넓어진다. 예를 들어 직장 상사가 특별한 이유 없이 화를 내고 있다고 가정해 보자. 그런 경우, 임원으로부터의 질책(직업적 정황), 심한 몸살(육체적 정황), 우울증(정신적 정황), 아내와의 불화(가족적 정황), 대출금 상환(재정적 정황), 사회모임 회원과의 갈등(사회적 정황)처럼 각기 다른 여섯 가지 정황을 유추하며 상대방의 입장과 상황을 공감하려 노력해야 한다.

반대로 여섯 가지 정황을 헤아려 보는 과정을 통해 상대방에 대한 이해와 공감이 한층 강화될 수 있다. 지금 가족이나 직장 동료 중 한 사람을 떠올려 보고 여섯 가지 정황을 헤아려 보자. 그 다음 그 사람과 대화를 나눠 본다면 더욱 강한 공감대가 형성되는 것을 느낄 수 있을 것이다. 네덜란드 철학자 스피노자(Baruch de Spinoza)의 "나는 다른 사람의 행동을 비웃거나 탄식하거나 싫어하지 않았다. 오로지 이해하려고만 노력하였다."라는 말을 명심하고 항상 다른 사람의 여섯 가지 정황을 공감하려 노력해 보자.

긍정적 감정과 부정적 감정을 공감하라

우리말에 "오만가지 생각을 한다."라는 표현이 있다. 실제로 사람은 수없이 많은 생각을 하며 살아간다. 미국 심리학자 쉐드 헴스테더 (Shad Helmstetter) 박사는 일련의 실험을 통해 인간의 뇌는 한 시간에 2천5백 개, 하루에 5만~6만 가지를 생각한다는 연구 결과를 발표하였다.

그런데 이렇게 많은 오만가지 생각 중에서 부정적인 생각이 85% 이상을 차지한다니 참으로 안타까운 일이 아닐 수 없다. "인간에게는 언제나 불운에서 구원을 받는 장소가 있다. 이 장소는 바로 자신의 마음이다."라는 마르쿠스 아우렐리우스의 명언을 무색하게 만드는 실험 결과가 아닐 수 없다.

캐나다에 거주하며 전문 강사이자 컨설턴트로 활동 중인 어니 J. 젤린스키(Ernie J. Zelinski)가 쓴 책 『느리게 사는 즐거움(Dont Hurry, Be Happy)』에는 다음과 같은 글이 실려 있다.

"우리가 하는 걱정거리의 40%는 절대 일어나지 않을 사건들에 대한 것이고, 30%는 이미 일어난 사건들, 22%는 사소한 사건들, 4%는 우리가 바꿀 수 없는 사건들에 대한 것들이다. 나머지 4%만이 우리가 대처할 수 있는 진짜 사건이다."

결국 우리가 하는 걱정거리의 96%는 쓸데없는 것들이니 고민은 10분만 하라는 것이 젤린스키의 주장이다. 아무튼 생각도 많고 걱정도 많은 것이 사람의 마음이다. 그런데 공감이 어려운 이유 또한 오만가지 생각들이 마음속을 떠돌기 때문이다. 한 시간에 2천5백 개라면 1분에 40여 가지를 생각하는 셈이니 이렇게 수많은 생각을 공감하기란 쉽지 않은 일이다. 특히 겉으로 잘 드러내지 않는 감정을 공감하는 일은 더더욱 어렵고 불가능에 가깝다.

얼마 전 꽃다발을 사기 위해 꽃집에 들렀다. 가게 주인은 아들로 보이는 초등학생과 무언가 대화를 나누고 있었다. 혼자서 여기저기 둘러보다 적당한 꽃다발을 발견하여 물어보았다.

나: "이 꽃다발 얼마예요"
주인: "4만 원입니다"
나: "이 정도면 우리 동네에서는 3만 원 정도 하는데 ……."
주인: "그러면 그 집 가서 사세요!"

나는 아무런 대꾸 없이 그 가게를 걸어 나왔다. 그리곤 근처에 있는 다른 꽃집에서 비슷한 모양의 꽃다발 5개를 구입하였다. 가격은? 역시 4만 원이었다. 그러나 가격은 중요하지 않았다. 중요한 것은 내가 느낀 감정을 이해해 주었느냐는 사실이었다.

만약 첫 번째 꽃집의 주인이 조금이라도 공감력이 있는 사람이었다면 이렇게 말했을 것이다. "가격이 좀 비싸죠? 싸게 드리고 싶은데 최근에 꽃값이 많이 올랐어요. 아마 다른 곳에 가서도 마찬가지일 거예요. 특별히 신경 써서 예쁘게 포장해 드릴 테니 그냥 여기서 하시죠?"

이런 말을 들었다면 틀림없이 나는 그곳에서 꽃다발을 구입했을 것이다. 그러나 그 주인은 고객이 느끼는 감정에는 아무런 관심도, 공감하려는 노력도 보이질 않았다. 이처럼 많은 사람을 상대하며 장사를 하는 사람들조차도 타인의 감정을 공감하는 일은 쉽지 않은 일이다. 어떻게 해야 좋을까?

공감을 잘하려면 우리가 느끼는 다양한 감정의 유형을 알아두는 것도 바람직하다.

I. 긍정적 감정

기쁨(행복감) 기쁨과 행복감은 "원하는 목표가 실현되었거나 실현되고 있다는 생각에서 느껴지는 만족스러운 감정"이다.

사랑(애정)　　사랑과 애정은 "타인에 대한 호감, 친밀감, 유대감, 신뢰감 등이 함께 어우러져 나타나는 긍정적 감정"이다.

자부심(자신감)　　자부심은 "자기 자신 또는 자기와 관련되어 있는 것에 대하여 스스로 그 가치를 당당히 여기는 감정"이며 자신감은 "어떠한 목표를 달성할 수 있다고 느끼는 마음"이다

안도감　　안도감은 "고통스럽거나 불안한 상황이 좋은 방향으로 변화했다는 인식에 의해 생겨나는 긍정적 감정"이다.

희망감　　희망감은 "미래에 대하여 낙관적인 기대를 가지는 감정"이다.

연 민　　연민은 "타인의 고통에 대해 불쌍하게 생각하여 도와주고 싶은 마음"이다.

2. 부정적 감정

분 노　　분노는 "자기 요구의 실현을 부정 또는 저지하는 대상에 대한 저항의 결과로 생기는 정서"로 분(忿)하여 화를 내는 것이다.

불안(공포)　　불안은 "특정한 대상이 없이 막연히 나타나는 불쾌한 정서적 상태. 안도감이나 확신이 상실된 심리 상태"이다. 공포는 "괴로운 사태가 다가옴을 예기할 때나 현실적으로 다가왔을 때 일어나는 불쾌한 감정을 바탕으로 한 정서적 반응"으로 불안과의 차

이점은 공포를 느끼는 대상이 구체적이고 명확하다.

수치심(죄책감)　수치심은 "부끄러움을 느끼는 마음"이다. 다른 사람에게 비판, 비난을 받거나 인격적 가치를 무시당했을 때 수치심이 형성된다. 죄책감은 "저지른 잘못에 대하여 책임을 느끼는 마음"이다. 다른 사람에게 피해를 주면 죄책감이 형성된다.

시기(질투)　시기는 "다른 사람이 잘 되는 것을 샘하며 미워하는 것"이다. 질투는 "자기가 좋아하는 사람이 다른 사람을 좋아하거나 호의적인 태도로 대하는 것에 대해 미움을 느끼거나 분하게 여기는 것"이다.

경멸(혐오감)　경멸은 "어떤 사람이나 태도(態度) 등을 낮추어 보거나 업신여기는 것"이다. 혐오감은 "싫어하고 미워하는 감정"이다.

슬픔(고독감)　슬픔은 "슬픈 마음이나 느낌"이며 고독감은 "세상에 홀로 떨어져 있는 듯이 외롭고 쓸쓸한 마음"이다.

이 밖에도 즐거움, 지루함, 만족감, 긴장감, 놀라움, 흥분감, 수줍음, 실망, 증오, 짜증, 원망, 자책, 후회, 당혹감, 안타까움, 억울함 등으로 표현되는 다양한 감정이 존재한다. 누군가와 대화를 나눌 때는 이런 감정들을 떠올려 보면서 상대방의 마음에 어떤 감정이 형성되어 있는지 헤아려야 한다. 그리곤 상대방이 느끼는 감정을 함께 공감하고, 상대방의 감정에 대해 적절한 반응을 나타내야 한다.

지금 가족이나 주변 사람들을 둘러보고 그들의 마음에 어떤 감정이 형성되어 있는지 헤아려 보자.

다름을 받아들이면 공감력이 높아진다

내가 만든 말에 '나소너소우소'라는 표현이 있다. 강의와 칼럼에서 자주 인용하는데 "나는 소중하다, 너도 소중하다. 우리는 모두 소중하다."는 말을 축약한 것이다. 좋은 인맥, 좋은 인간관계를 만드는 비결은 스킬이 아니라 마음에 있다. 사람은 자기 자신을 가장 소중하게 생각한다는 사실을 명심하고 상대방을 소중하게 대하려는 마음가짐을 갖는 것이 성공적인 인간관계의 핵심 비결이다.

그리고 또 한 가지 비결이 있다면 '나다너다우다'라고 말하고 싶다. '나다너다우다'는 "나는 다르다, 너도 다르다, 우리는 모두 다르다."라는 뜻이다. 세상 사람은 모두 다르다. 좋아하는 것도 다르고, 싫어하는 것도 다르고, 말하는 방식과 행동, 일하는 방법이 모두 다르다. 따라서 원만한 인간관계를 유지하고 갈등을 예방하려면 '나다너다우다'를 명심해야 한다.

몇 년 전 일이다. 고등학교 2학년인 딸이 학교에서 야간자율학습을 마치고 돌아오는데 집에 들어서기가 무섭게 텔레비전을 켜고 드라마를 보기 시작한다. 가뜩이나 공부를 소홀히 하는 것 같아 걱정이 많던 나는 딸에게 잔소리를 시작했다.

"텔레비전 너무 많이 보는 거 아냐?"

딸은 아무런 대답 없이, 심지어 내 쪽을 바라보지도 않고 드라마에 완전 빠져 있었다. 그런 모습을 보고 있자니 은근히 화가 나기 시작했다. 소파에서 일어나 텔레비전 화면이 보이지 않도록 딸아이의 앞을 가로막고 묻기 시작했다.

"지난 주말에도 몇 시간씩 컴퓨터에 매달려 있더니 도대체 공부는 언제 하려고 그러는 거야?"

그제야 딸이 화난 목소리로 대꾸한다.

"내가 알아서 할 거야. 대학교만 가면 되잖아!"

딸아이의 신경질적인 반응에 나도 덩달아 목소리가 높아졌다.

"좋아, 맘대로 해. 그 대신 아빠가 이야기했듯이 절대로 재수는……."

여기까지 말하는데 갑자기 딸이 울음을 터뜨리기 시작한다.

"제발 그 이야기 좀 그만해. 나도 알았다고! 알았으니까 그만해."

느닷없는 아이의 반응에 어이가 없어 잠시 말문을 잃고 있는데 아이는 계속 흐느낀다.

"아빠가 몇 번이나 말했다고 …… 지난번에 말한 것도 벌써 3, 4개월 전인데 ……. 걱정돼서 어쩌다 한 번 말한 걸 가지고 그렇게 화를 내?"

구구절절하게 변명을 늘어놓았지만 도무지 딸에게는 내 생각과 감정이 전달되지 않는 모양이었다. 오히려 더욱 어깨를 들썩이며 서럽게 울고 있었다. 당황스러운 마음으로 그 모습을 지켜보던 순간, 문득 나는 '나다너다우다'의 의미를 다시 한 번 깨달을 수 있었다.

세상에 똑같은 사람은 한 명도 없다. 저마다 얼굴 생김새가 다르고 손가락 지문이 다르듯이 사람은 생각, 성향, 감정, 처해 있는 입장과 상황이 각기 다르다. 이렇게 서로가 다르다는 사실을 인정할 수 있어야 공감력이 높아진다. 딸과의 갈등에서 나는 다음과 같은 점을 공감했어야 옳았다.

첫째, 생각이 다르다.
아빠: 대학교 진학을 준비하는 학생이 텔레비전을 시청하는 것은 적절하지 않다
딸: 공부할 때 공부하고 쉬는 시간에 텔레비전 보는 것은 문제되지 않는다.

둘째, 성향이 다르다.
아빠: 드라마를 보면 정신이 산만해져 공부에 방해가 된다.

딸: 재미있는 드라마를 보고 나면 더욱 공부에 몰입할 수 있다.

셋째, 감정이 다르다.
아빠: 걱정스러운 마음에 '열심히 공부하라'는 말을 한두 번 했다.
딸: '공부하라'는 말을 반복하는데 정말 듣기 싫다.

넷째, 입장이 다르다.
아빠: 사회생활에 바쁘다. 딸의 진학 문제는 결국 본인의 노력에 달
　　　린 문제다.
딸: 수능시험, 학교 결정 등 모두가 나에게 달린 문제다. 걱정도 많고
　　　스트레스도 심하다.

이처럼 부모와 자녀의 관계에서도 서로의 생각, 성향, 감정, 입장은
전혀 다르다. 물론 나는 딸이 열심히 공부하기를 바라고, 가급적 자
신이 원하는 대학에 진학하기를 바란다. 따라서 딸에게 필요하다고
생각되는 조언은 계속 들려줄 생각이다. 그러나 그것과 동시에 딸과
내가 서로 다른 생각을 하고, 다른 성향을 선호하고, 다른 감정을 느
끼고, 다른 입장에 놓여 있다는 것을 인정하고 그에 맞게 행동해야
할 것이다.

성공적인 인간관계를 만들려면 사람은 모두 다르다는 점을 명심해

야 한다. 좋은 인맥은 서로의 차이점을 인정하는 데서 만들어지며, 반대로 갈등은 서로가 다르다는 사실을 받아들이지 못하기 때문에 발생하는 것이다.

또 한 가지 주의할 사항은 '다름'은 '틀림'이 아니라는 사실이다. 흔히 우리말에서는 '다름'과 '틀림'을 혼용하여 쓰는 사람이 많은데 영어로 표기하면 다름(different)과 틀림(wrong)은 분명하게 그 의미가 구분된다. 서로의 차이점을 다른 것으로 이해하지 않고 틀린 것으로 거부해 버리면 의사소통과 공감에 문제가 생겨나기 마련이다. 사람은 모두 '나다너다우다'라는 사실을 명심하고 항상 다른 사람과의 차이점을 공감하려 노력해 보자.

고정관념을 버리면 공감력이 높아진다

"나는 결코 대중을 구원하려고 하지 않는다. 나는 다만 한 개인을 바라볼 뿐이다. 나는 한 번에 단지 한 사람만을 사랑할 수 있다. 한 번에 단지 한 사람만을 껴안을 수 있다."

– 테레사 수녀

가난하고 병든 사람들을 위해 평생을 봉사하며, 한 사람 한 사람을 따뜻한 사랑으로 안아주었던 테레사 수녀가 인터뷰를 하게 되었다. CBS 앵커 댄 레더가 질문을 건넸다.

"수녀님은 하나님께 기도하실 때 무슨 말씀을 하십니까?"

테레사 수녀는 차분한 목소리로 대답했다.

"저는 기도할 때 말하지 않고 듣습니다."

미처 예상하지 못한 답변을 들은 댄 레더가 다시 질문했다.

"그러면 하나님은 무엇이라고 말씀하십니까?"

"그분도 듣고 계시지요."

고개를 갸우뚱 거리며 당황스러운 표정을 짓는 댄 레더에게 테레사 수녀가 말했다.

"제가 하는 말을 이해하지 못한다면 저는 더 이상 설명해 드릴 수가 없답니다."

소통과 공감이 어려운 이유 중의 하나는 내 마음이 고정관념에 사로잡혀 있기 때문이다. 기도는 무언가를 요구하거나, 자신의 잘못을 회개하거나, 반드시 말로써 이뤄지는 것이라는 고정관념, 그리고 하나님이 반드시 무언가를 응답해 줄 것이라는 고정관념에서 벗어나야 테레사 수녀의 말에 공감할 수 있다. 만약 누군가와의 대화에 소통이나 공감이 되질 않는다면 내가 마음의 문을 닫고 있는 것은 아닌지 점검해 볼 필요가 있다.

공자는 "상대방이 충분히 이야기하도록 하고, 말은 필요한 때에 필요한 말을 필요한 만큼만 해야 하며, 상대의 상황을 배려하여 그에 맞게 말하라."라고 말했다. 그러나 고정관념을 버리지 못하면 상대방의 상황을 배려하기 어렵고, 정반대로 오해에 빠지는 경우도 많이 생겨난다.

공자가 채나라로 가던 중에 식량이 떨어져 7일 동안이나 음식을 먹지 못하고 굶게 되었다. 어느 날, 한 마을 입구에 도착해 잠시 쉬어 가는데 피곤함에 지친 공자는 깜빡 잠이 들었다. 한참이 지났을 무렵 어디선가 밥 냄새가 풍겨 와 눈을 떠보니 제자 안회가 양식을 구해가지고 돌아와 밥을 짓고 있었다. 그런데 깜짝 놀랍게도 안회가 스승인 자신보다 먼저 밥 한 술을 떠먹는 모습이 눈에 들어왔다. 공자는 괘씸한 생각이 들었지만 일체 내색을 하지 않고 안회를 불러 말했다.

"내가 방금 꿈을 꾸었는데 돌아가신 아버지가 나타나셨다. 지금 네가 지은 밥으로 조상들께 먼저 제사를 드리고 싶구나."

제사는 정갈한 음식으로 지내야 하기 때문에 공자는 간접적인 방법으로 안회를 뉘우치게 만들려 한 것이다. 그런데 안회는 정색을 하며 이렇게 말했다.

"스승님, 저 밥으로는 제사를 지낼 수는 없습니다. 제가 솥뚜껑을 연 순간 천장에서 그을음이 떨어졌습니다. 스승님께서 드시기에는 더럽고, 버리기에는 너무 아까워서 제가 그 부분만 조금 떼어 먹었습니다. 이번에는 스승님께서 그냥 드시고, 제가 다시 쌀을 구해와 제사를 지내는 것이 좋겠습니다."

안회의 설명을 들은 공자는 자신이 쓸데없는 의심을 한 사실을 부끄러워하며 다음과 같이 탄식하였다.

"예전에 나는 나의 눈을 믿었다. 그러나 나의 눈도 완전히 믿을 것이 못되는구나. 예전에 나는 나의 머리를 믿었다. 그러나 나의 머리도 완전히 믿을 것이 못 되는구나. 한 사람을 이해한다는 것은 진정 어려운 일이다."

사람은 선택적 인식을 하며 부주의의 맹목성에서 벗어나지 못하는 불완전한 존재이다. 따라서 항상 자신의 지각과 판단이 진실인지에 대해 의구심을 가질 필요가 있다. 그렇지 못하고 자신의 지각과 판단을 절대적인 것으로 생각하면 소통과 공감에 장애가 발생한다. 공자 또한 마찬가지였다.

다음 문장을 읽고 정답을 생각해 보라.

"한 의사가 아들과 함께 여행을 떠났다가 교통사고를 당했다. 의사는 현장에서 즉사하고 아들은 중상을 입은 채 병원으로 실려 갔다. 응급실에 도착해 수술을 받으려고 기다리는데 문을 열고 들어오는 의사의 얼굴을 보니 아들의 아버지였다. 어떻게 된 것일까?"

무엇이 정답이라 생각하는가? 강의 중에 질문해 보면 매우 다양한 답변들이 나온다. 심지어 어떤 교육생은 '한 의사'를 '한의사'로 해석하는 경우도 있었다. 대부분 틀린 답들이며 실제 정답은 '부부 의사'다. 즉, 아들과 함께 여행을 떠난 의사는 아버지가 아니라 어머니였던 것이다. 그런데 대부분의 사람은 "한 의사가 아들과 함께 여행을 떠났다."라는 첫 문장을 읽는 순간, 아버지가 아들과 함께 여행을 떠난 것이라는 고정관념에 사로잡히고 만다. 이처럼 고정관념은 우리들의 일상생활에 깊은 영향을 끼치며 의사소통과 공감에 큰 장애물로 작용한다.

얼마 전 자동차 회사의 영업사원들을 대상으로 인맥관리 교육을 진행하였다. 강의를 마치기 전 질의응답 시간이 되었는데 교육생 한 명이 손을 들고 질문한다.

"저는 세상에서 가장 중요한 인맥은 가족이라고 생각합니다. 소장님은 어떻게 생각하시는지요?"

솔직히 말해서 약간 맥이 빠지는 질문이었다. 왜냐하면 전체 다섯 시간의 교육 중 첫 번째 시간 내내 인맥관리의 출발점은 가족이라는 내용을 강조했었기 때문이다. 나는 마음속으로 답답함을 느끼며 다시 한 번 가족의 중요성을 강조해 들려주었다.

"당연한 말씀입니다. 첫 번째 시간에서 말씀드렸듯이 성공적인 인간관계를 형성하려면 대인관계 유형이 바뀌어야 합니다. 내가 먼저 다른 사람들에게 관심, 공감, 배려를 해야 친밀한 인간관계가 형성됩니다. '성공이란 나이가 들수록 가족과 주변 사람들이 점점 더 나를 좋아하는 것'이라는 짐 콜린스의 말 기억나시죠? 가족과 주변 사람들에게 관심, 공감, 배려를 실천하는 것이 가치 있는 성공, 진정한 행복이며 동시에 좋은 인맥을 만드는 지름길입니다. 인맥 관리의 첫걸음은 가족과 주변 사람들이 좋아하는 사람이 되는 것이며, 가족은 세상에서 가장 소중한 인맥입니다."

교육을 마친 후, 나는 사무실로 돌아와 골똘히 생각해 보았다. 역시 문제는 고정관념이었다. 인맥 관리를 부정적으로 인식하는 닫힌 마음 때문에 교육 내용을 왜곡해 받아들인 것이었다. 즉, 인맥 관리에 대한 평소의 거부감 때문에 가족이 가장 소중하다는 말이 전혀 귀에 들어오질 않은 셈이다.

몇 해 전 인기리에 상영되었던 영화 "워낭소리"에는 노인과 소가 서로 소통하는 장면이 등장한다. 이처럼 말 못하는 짐승과도 공감을 나눌 수 있지만, 고정관념에 사로잡혀 버리면 같은 언어를 사용하는 사람끼리도 말이 안 통하는 상황이 발생한다.

'내가 보는 것, 내가 믿는 것을 모두 믿을 수 없다.'라는 공자의 말씀을 교훈삼아 고정관념을 버리고 항상 열린 마음으로 대화해야 한다. 중국 장자는 "귀로 듣지 말고 마음으로 들어라."라고 말했다. 나는 "귀로 듣지 말고 열린 마음으로 들어라."라고 말하고 싶다.

랑그와 파롤의 차이를 이해하라

인간관계는 커뮤니케이션 관계다. 의사소통과 공감만 원활하면 우리는 어떤 사람과도 원만한 관계를 유지할 수 있다. 그러나 이는 쉽지 않은 일이다. 그 이유는 언어가 지니고 있는 이중적 구조 때문이다. 스위스 언어학자 페르디낭 드 소쉬르(Ferdinand de Saussure)는 언어를 파롤(parole)과 랑그(langue)로 분류하였다.

- 랑그: 언어 공동체 구성원들의 머릿속에 내재화되어 언어활동을 지배하는 규칙들의 체계
- 파롤: 개인이 언어능력을 발휘하는 모든 활동, 실제의 음성언어행위, 말을 하는 행위

랑그와 파롤은 흔히 교향곡 악보와 연주의 관계에 비유된다. 어떤 악단에도 교향곡 악보는 동일한 것처럼 랑그는 언어의 본질적인 모습이다. 반면에 악단마다 자신들의 스타일에 맞춰 악보를 다르게 연주하듯이 파롤은 언어의 개인적인 모습이다. 언어공동체 간의 사회적 약속인 랑그와 달리 개인적 행위인 파롤은 단어, 문장, 억양, 강세, 고저, 장단 등에 따라 무한히 다른 형태로 발화하며 랑그의 의미를 변형시킨다.

예를 들면 다음과 같다. 백화점에서 쇼핑 중이던 여성이 남자친구에게 반지를 가리키며 '정말 예쁘다'고 말한다. 이 경우 사회적 약속으로서의 랑그는 '반지가 예쁘다'는 뜻이지만 개인적 발화로서의 파롤은 '당신이 저 반지를 사줬으면 좋겠다.'는 의미가 될 수 있다.

데이트를 신청한 남성을 향해 여성이 쌀쌀맞은 표정과 날카로운 목소리로 '싫어요.'라고 말하면 '정말 싫다'는 랑그로 받아들여진다. 반면에 살짝 웃음을 지으며 부드러운 목소리로 '싫어요.'라고 말한다면 '좋지만 겉으로는 거절할게요.'라는 파롤이 될 수 있다.

소통과 공감이 어려운 점은 타인의 말을 랑그로만 해석하고 파롤의 속뜻을 알아차리지 못하기 때문이다. EBS 지식채널 e에서 공감에 관련된 프로그램이 방영되었다. 젊은 남녀 사이에 다음과 같은 대화가 오간다.

남자: "내가 니 건 아니잖아?"
여자: "내 거잖아."
남자: "헤어지자."

남자는 여자의 말을 랑그로만 이해하고 집착, 소유, 구속의 뜻으로 받아들였다. 그러나 여자의 말은 "나는 소중한 사람이고 싶어.", "우리는 특별한 관계잖아."와 같은 개인적 의미의 파롤로 발화된 것이다.

여자가 남자로부터 듣고 싶었던 말은 "그래 나 네 거야.", "무슨 말인지 알아.", "미안하다."와 같은 말이었다. 그렇지만 남자는 여자의 파롤을 이해하지 못했고 결국 '헤어지자'는 말로 이별을 선언하고 만다.

이처럼 남녀 간의 의사소통은 그 방식에 있어 근본적인 차이가 존재한다. 남자는 대부분 랑그를 선택하고, 여자는 대부분 파롤을 선택한다. 남자는 구체적이고 명확한 말로 자신의 의사를 표현하지만 여자는 추상적이며 모호한 언어로 자신의 생각을 표현한다. 따라서 남자가 여자의 언어를 이해하려면 랑그에만 귀를 기울지 말고 파롤의 의미를 탐색해야 한다. 그렇지 않으면 여자의 마음을 절대로 이해할 수 없다.

만약 상대방의 파롤을 파악하기 어렵다면 본인에게 직접 확인하는 것이 바람직하다. 당사자가 아닌 한 개인적 의미로 발화되는 파롤을 정확히 이해하기란 매우 어렵기 때문이다. 랑그와 파롤의 차이로 인한 의사소통의 어려움, 오해는 우리 주변에서 자주 목격된다.

노인: "늙으면 빨리 죽어야지!"
노처녀: "절대로 결혼 안 할 거예요!"
장사꾼: "밑지고 파는 겁니다!"

널리 알려진 세상의 3대 거짓말이다. 이런 말들은 대부분 파롤이다. 진짜 죽고 싶다는 생각이 아니며, 반드시 독신으로 살겠다는 뜻도 아니고, 실제로 손해를 보면서 파는 것도 아니다. 그런데 만약 이런 말을 랑그로만 받아들이고 파롤을 헤아리지 않으면 다음과 같이 대답할지도 모를 일이다.

"맞아요. 늙으면 고생이죠. 이제 사실 만치 사셨으니 빨리 돌아가시는 게 좋겠어요."

"그래. 잘 생각했다. 누가 너와 결혼하겠니? 평생 독신으로 혼자 살아라."

"거짓말하지 마세요. 세상에 밑지고 파는 장사가 어디 있어요?"

다행히 이런 일이 발생하지 않는 것은 우리가 랑그와 파롤의 차이를 인식하고 있기 때문이다. 즉, 사람의 말은 액면 그대로의 의미만 지니고 있는 것이 아니라는 사실을 우리는 알고 있다. 그러나 아쉽게도 의사소통에서는 랑그와 파롤을 구분하기 어려운 상황이 더 많이 존재한다.

사회에는 랑그보다 파롤을 주로 사용하는 사람이 있으며, 평상시에는 랑그를 사용하는 사람도 상황에 따라서는 파롤에 의존해 의사 표현을 한다. 게다가 본인 스스로도 자신이 파롤을 사용하고 있다는 사실을 깨닫지 못하는 경우가 많다. 따라서 듣는 사람도 말뜻을 이해하기 어렵지만 말하는 사람 역시 상대방이 자신의 말을 이해하지 못한다는 사실에 혼란을 느끼게 된다. 왜냐하면 그의 생각으로는 자신이 너무나 명확한 표현으로 랑그를 말했기 때문이다. 그렇지만 그것은 본인의 파롤에 불과할 뿐이다.

연인 사이의 대화 역시 마찬가지다. 여자는 남자가 자신의 파롤을 이해할 수 있을 것이라 기대하지만 남자는 그녀의 말에서 랑그만 이해할 수 있을 뿐이다. 결국 소통과 공감에 실패한 채 두 사람의 관계는 단절된다. 만약 남자가 여자의 파롤을 해석할 수 있었다면, 또는 여자가 자신의 언어를 랑그에 의해 표현했다면 두 사람의 관계는 180도 달라졌을 것이다.

소통과 공감을 위해서는 가능한 한 랑그에 의한 의사표현에 충실하고, 반대로 타인의 말을 들을 때는 그 사람의 파롤에 관심을 기울여야 한다. 어렵게 생각할 것 없다. 그냥 "속뜻이 뭘까?"라고 생각하며 헤아리면 된다. 누군가와 대화를 할 때는 항상 파롤을 명심하라. 소통과 공감은 파롤에 달려 있다.

자기공개를 통해 공감을 촉진하라

이 사람은 누구일까? 2004년 유엔이 주는 '올해의 세계지도자상'

을 수상했고, 2005년 타임지가 선정한 20세기 가장 영향력 있는 인물 100인에 선정되었다. 현재 그녀의 재산은 27억 달러이며 2009년 한 해 동안에만 3억 1,500만 달러를 벌어들여 경제전문지 포브스가 발표한 '2010 최고수입 20인' 1위를 차지했다. 그녀의 이름에서 여러 가지 신조어가 생겨났는데 '인생의 성공 여부는 오로지 개인에게 달렸다'는 뜻의 오프라이즘(Oprahism), 오프라 쇼에서 다뤄지면 사회적 파장을 몰고 온다는 의미의 '오프라이제이션(Oprahization)이라는 말이 널리 유행하였다. 그렇다. 정답은 바로 공감의 여왕, 오프라 윈프리다.

그런데 오프라 윈프리는 어떤 비결을 가지고 있기에 출연자들로 하여금 마음속에 있는 이야기를 스스럼없이 털어놓게 만드는 것일까? 그녀의 뛰어난 경청 능력도 중요한 요인일 것이다. 그렇지만 가장 중요한 것은 오프라 윈프리 스스로 자신의 생각과 감정을 출연진들에게 털어놓기 때문이다.

예를 들어 강간, 미혼모, 마약 복용 등의 사연을 지닌 사람이 출연하면 그녀 역시 자신의 과거 경험을 고백한다. 가출청소년이 출연하면 따끔한 훈계를 들려주며, 자식을 버리고 집을 나온 아버지에게는 쓰레기 같은 사람이라고 야단을 친다. 가슴 아픈 사연을 지닌 사람들이 출연하면 그들의 고통에 함께 눈물을 흘린다. 이런 진솔한 모습을 보며 출연진들은 마음을 열고 자신들의 이야기를 꺼내는 것이다.

우리말에 "열 길 물속은 알아도 한 길 사람의 속은 모른다."라는 말이 있다. 한자로는 '수심가지 인심난지(水深可知 人心難知)'라고 표현되는데 이처럼 타인의 마음을 알기란 몹시 어려운 일이다. 본래 사람의 마음이 쉽게 변하는 까닭도 있지만 가장 큰 이유는 자신의 마음을 드러내는 것을 꺼리기 때문이다. 그렇지만 '조해리의 창'에서도 설명하듯이 공개적 영역이 넓어야 친밀한 관계가 형성된다.

우리는 새로운 사람을 만나면 서로를 알고, 이해하고, 친밀해지고, 신뢰감을 갖는 몇 가지 단계를 거치게 된다. 이런 과정에는 두 사람 사이의 상호 작용이 필요하며 어느 한 쪽의 일방적인 노력만으로는 좋은 관계를 형성하기 어렵다. 한 사람이 내면의 모습을 공개할 때 다른 사람도 상응하는 수준만큼 자신을 공개해야 성숙한 관계가 만들어진다.

타인에게 내면의 생각과 감정을 드러내는 것을 자기공개라 부른다. 심리학자 코즈비(Cozby)는 '자기공개란 한 사람이 다른 사람에게 언어로 전달한 자기 자신에 관한 정보'라고 정의하였다. 이외에 여러 학자들의 견해를 종합해 보면 자기공개란 "자기 자신의 생각과 감정을 있는 그대로 솔직하게 털어놓는 것"이라고 말할 수 있다.

일반적으로 자기공개에는 상호성 효과(reciprocity effect)가 존재하는 것으로 알려져 있다. 어느 한 쪽이 자기공개 수준을 높이면 상대방의 자기공개 수준도 함께 올라가는 것을 의미한다. 자기공개는 사람과 상황에 따라서 다양한 수준으로 나타나는데 서울대 박성수 교수는 다섯 가지 단계로 구분하였다.

수준 1 의사소통자는 자신의 감정, 사고, 행동, 경험에 관한 정보 공개를 적극적으로 회피하려고 한다. 부득이 공개할 경우에는 상대방의 요구와 관심을 존중하지 않고 오직 자신의 요구에 의해서 의사소통하여 상대방에게 파괴적인 영향을 끼친다.

수준 2 의사소통자는 자신의 감정, 사고, 행동, 경험에 관한 정보 공개를 적극적으로 회피하려고 하지는 않지만 결코 자진해서 자기공개를 하지는 않는다. 상대방의 질문에 의해서 소극적인 태도로 자기공개를 하는데 상대방이 구체적으로 질문한 것 이상의 정보는 제공하지 않는다. 이때 간단하고, 모호하고, 피상적인 정보만을 제공한다.

수준 3 의사소통자는 상대방의 요구와 관심을 존중하며 자신의 감정, 사고, 행동, 경험에 관한 정보를 자진해서 상대방에게 제공한다. 이때 제공되는 정보는 충분히 구체적이고 명료하지 못하여 의사소통자 자신의 독특한 개성을 분명하게 드러내지는 못한다.

수준 4　의사소통자는 상대방의 요구와 관심을 존중하며 감정, 행동, 경험에 관한 정보를 자유롭게 자발적으로 상대방에게 제공한다. 이때 제공되는 정보는 충분히 구체적이고 명료하여 의사소통자 자신의 독특한 개성을 분명하게 드러낸다.

수준 5　의사소통자는 상대방의 요구와 관심을 존중하여 자신의 감정, 행동, 경험에 관한 극히 사적인 정보까지도 아무 거리낌 없이 상대방에게 공개한다. 이때 제공되는 정보는 대단히 구체적이고 명료하며 상세하다. 이를 통하여 의사소통자는 상대방과 신뢰 관계를 형성하고 상대방의 자기탐색을 촉진하게 된다.

소통과 공감은 자기공개 수준에 따라 속도와 깊이가 결정된다. 적절한 자기공개는 소통과 공감을 심화시키지만 자기공개의 회피나 거부는 장애를 불러일으킨다. 따라서 최대한 자신에 관한 정보를 많이 공개할 필요가 있다. 다만, 처음 만난 사람에게 과도한 자기공개가 이뤄지면 불필요한 오해나 부정적인 이미지가 형성될 수 있다. 따라서 자기공개는 상대방과의 관계 및 제반 상황을 고려하여 단계적으로 이뤄져야 한다.

19세기 영국 화가 윌리엄 홀먼 헌트가 그린 '등불을 든 그리스도'라는 작품에는 한 손에 등불을 들고 다른 한 손으로는 문을 두드리는 예수의 모습이 그려져 있다. 그런데 이 문에 손잡이가 없다 보니 어떤 사람은 그림을 잘못 그린 것으로 오해한다. 실제로는 마음의 문을 상징하기 위해 손잡이가 없는 것이라 한다. 독일 철학자 헤겔의 "마음의 문을 여는 손잡이는 오직 안쪽에만 달려 있다."라는 말과 같은 맥락일 것이다. 소통과 공감을 위해서는 적극적인 자기공개를 통해 사람들의 마음을 열어야 한다. 지금 바로 가족과 직장동료, 그리고 주변 사람들에게 내면의 생각과 감정을 공개해 보라.

질문을 통해 공감을 촉진하라

5, 6년 전 일이다. 강의 교안을 만드느라 밤샘 작업을 하게 되었다. 아침을 먹고 집을 나서는데, 초등학교 2학년 아들이 다가와 걱정스러운 표정으로 묻는다.

"아빠, 피곤하지 않으세요?"

"왜?"

"눈이 빨개서요."

순간 가슴이 뭉클해진 나는 아들을 가슴으로 꼭 안아주고 집을 나섰다. 몸은 피곤했지만, 아들의 관심어린 질문과 따뜻한 공감 덕분에 하루 종일 행복한 마음으로 지낼 수 있었다. 공감은 타인에 대한 사랑이다.

인생에서 중요한 것 중의 하나가 질문이다. 우리의 인생은 무엇을 어떻게 질문하느냐에 따라 운명이 결정된다. 앤서니 라빈스(Anthony Robbins)는 "어디에 관심을 둘 것인가, 그것은 내게 무엇을 의미하는가, 원하는 결과를 얻기 위해 무엇을 할 것인가? 이 세 가지 질문이 운명을 좌우한다."라고 말했다.

천재적인 영화감독 스티븐 스필버그(Steven Allan Spielberg)는 "질문하라, 너를 둘러싼 세계에 '왜'라고 물어라. 그것이 성공의 비결이다."라는 말로 질문의 가치를 높게 평가하였다. 그런데 질문은 공감을 형성하기 위한 매우 중요한 요소이기도 하다.

미국 조지워싱턴 대학교에서 직무개발 부문 박사학위를 취득하고 현재 노바티스 온콜로지의 조직 개발부장으로 일하고 있는 로버트 호프만(Robert Hoffman)은 이렇게 말했다. "상대방을 이해하기 위해서는 상대방의 입장에서 경청하고 상대방의 관점으로 들어가야 한다. 질문하지 않으면 상대방의 입장을 결코 알 수 없다." 누군가를 이해하고 상호 간에 공감대를 형성하려면 상대방에게 질문을 건네야 한다.

영국의 철학자 프랜시스 베이컨(Francis Bacon)은 "질문으로 파고드는 사람은 이미 그 문제의 해답을 반쯤 얻은 것과 같다."라는 말을 남겼다. 나는 이 말을 "질문으로 파고드는 사람은 이미 공감대 형성의 반을 성공한 것과 같다."라고 바꿔 표현하고 싶다.

얼마 전 일이다. 밤늦게 집으로 돌아오던 중 아파트 단지 내에 있
는 공중전화 옆을 지나게 되었다. 갑자기 전화 부스 안에서 여성의
날카로운 목소리가 들려왔다.

"정말 내가 왜 이러는지 몰라? 내가 왜 이렇게 화내는지 모르냐
고?"

상대방이 대답을 못하는지 계속해서 신경질적인 목소리로 화를
낸다. 대충 짐작해 보니 화이트데이 선물을 잊어버린 남자친구와 말
다툼을 하는 것 같았다. 어떤 내용일까 조금 더 들어보려다 싱거운
기분이 들어 그냥 집으로 향했다. 그러면서 혼자 마음속으로 중얼거
려 보았다.

"어떤 사람인데 저렇게 마음을 몰라줄까? 참, 답답하겠다."

그런 생각과 동시에 한편으로는 그 여성에 대해서도 안타까운 마
음이 들었다. 인간은 신이 아니기 때문에 다른 사람의 마음을 이해
한다는 것은 쉽지 않은 일이다. 따라서 내 마음을 몰라준다고 화를
낼 것이 아니라 자신의 마음을 남자친구에게 알려주려 노력하는 편
이 훨씬 나았을 것이라 생각되었다. 앞에서 설명했듯이 '공감정확도'
(empathic accuracy)를 결정하는 것은 상대방에 대한 정보의 양이다.
내면에 감춰져 있는 정보들을 알지 못하는 상태에서 여자친구의 마
음을 알아맞히기란 불가능에 가까운 일이다.

사람은 자기중심적인 존재다. 대부분 타인의 이야기에 적극적인 경청과 공감을 기울이지 않는다. 따라서 내 생각과 감정을 능동적으로 알리는 것이 보다 효과적으로 공감을 얻을 수 있는 길이다. 마찬가지로 타인의 마음을 공감하려면 다음과 같이 노력해야 한다.

첫째, 동일시하여 질문해 본다.

먼저 상대방이 처해 있는 상황과 입장을 나의 것으로 동일시해 본다. 동일시란 타인을 자기의 대신(代身)이라고 보는 경우로서 자기를 영화나 드라마 속의 인물처럼 느끼거나, 문학작품 속의 주인공처럼 생각하는 것을 말한다. 상대방과 자신을 동일시하는 연습을 통해 우리는 타인의 감정을 보다 정확하게 공감할 수 있다. 그리곤 상대방의 마음속에 형성되어 있는 생각과 감정이 어떤 것인지를 질문해 보면 공감형성에 도움이 된다. "내가 상대방이라면 어떤 느낌일까?" "내가 상대방이라면 어떤 말을 듣고 싶을까?"

둘째, 직접적으로 질문한다.

공감을 잘하려면 상대방의 생각과 의도, 처해 있는 상황과 배경 등에 대해 적극적으로 질문해야 한다. 적절한 질문을 통해 상대방의 내면의 정보를 얼마나 많이 수집할 수 있느냐가 공감 형성의 관건이기 때문이다. "어떤 생각이 드십니까?" "왜 그런 기분이 드십니까?"

셋째, 스스로에게 질문한다.

내가 개선해야 할 점은 무엇인지 질문해 보는 것도 중요하다. 손뼉도 양손이 부딪혀야 소리가 나듯이 적절한 자기공개, 경청, 추임새, 반응적 표현과 제스처가 있어야 공감대가 커지기 때문이다. 따라서 누군가와 대화를 나눌 때는 항상 자신의 대화 스타일에 대해 질문해 볼 필요가 있다. "상호적인 수준으로 자기공개가 이뤄지고 있는가?" "적절한 질문으로 상대방의 자기공개를 촉진하고 있는가?", "맥락적 경청을 하고 있는가?"

공감 형성은 상대방과 동일시하여 생각해 보고, 상대방의 감정을 나의 감정으로 이입해야 한다. 아울러 상대방의 내면 정보를 많이 수집하는 것이 중요하다. 이를 위해서는 대화 중에 114법칙을 활용하는 것이 좋다. 114법칙이란 내가 1분 정도 이야기하면 상대방에게 1분 정도 질문을 건네고, 상대방의 이야기를 4분 정도 듣는 것이다. 그렇다고 너무 도식적으로 적용해서는 안 된다. 114법칙이 강조하고자 하는 것은 자기공개, 질문, 경청의 세 가지 요소가 조화를 이뤄야 원활한 의사소통과 공감 형성이 가능하다는 뜻이기 때문이다. 공감을 잘하려면 적극적으로 질문을 건네라. 질문하는 것이 경청이며, 질문하는 것이 공감이다.

열려라, 소통

1997년의 일이다. 우연히 대학교 친구를 만났는데 회사 내의 소통 문제로 고민하고 있었다. 무선호출기와 관련된 신규 사업 진출을 둘러싸고 경영진 및 기술부서에서는 찬성을, 무선호출 사업의 퇴조를 전망한 영업부서에서는 반대의 입장을 고수하고 있었다. 문제는 영업부의 의견이 제대로 전달되지 못한 채 일방적으로 사업이 추진되고 있다는 하소연이었다.

그로부터 3년 후, 친구의 회사는 문을 닫고 말았다. 올바르지 못한 사업에 뛰어든 것이 직접적인 실패 원인이라면, 올바르지 못한 의사소통 채널이 본질적인 원인이라고도 말할 수 있을 것이다. 하버드대 마이클 로베르토 교수는 'No.'라고 할 줄 모르는 커뮤니케이션 결여, '이견(異見)의 부재'(the absence of dissent)가 1등 기업의 문제라고 말했다.

최근 우리 사회에서 가장 이슈가 되는 단어를 손꼽으라면 단연 '소통'이 1위를 차지할 것이다. 국정 최고책임자인 대통령의 '국민과의 소통 능력'에서부터 기업경영자의 '소통 리더십', 일반 가정에서 '자녀와의 친밀한 소통'에 이르기까지 사회 모든 분야에 '소통'이라는 말이 가장 중요한 화두가 되고 있다. 실제로 인터넷에서 '소통'이라는 단어로 검색해 보면 다음과 같은 제목의 뉴스가 수십 건 이상 발견된다.

야권 '소통의 정치 이뤄지길 기대'

포스코 '소통·신뢰 바탕으로 노사안정 이뤄야'

삼성SDS, 소통경영의 진화 '임직원 가족들도 소통'

배우 이민호, '이제 트위터로 소통해요.'

이처럼 소통은 현대 사회의 핵심 키워드로 자리 잡았다. 피터 드러커는 "인간에게 가장 중요한 능력은 자기표현이며, 현대의 경영이나 관리는 커뮤니케이션에 의해 좌우된다."라는 말로 소통을 강조했다. 마쓰시타 고노스케는 "기업 경영의 과거형은 관리이다. 경영의 현재형은 소통이다. 경영의 미래형 역시 소통이다."라고 말했다. 굳이 이렇게까지 거창한 표현이 아니더라도 소통은 직장생활과 조직 발전에 중요한 비중을 차지하고 있다.

잡코리아에서 20대 구직자와 직장인 649명을 대상으로 '직장에서 성공하기 위한 가장 중요한 능력'을 조사하였다. 그 결과 '커뮤니케이션'(61%)이라는 응답이 1위를 차지하였다. 한국리더십센터에서는 직장인 455명을 대상으로 "조직의 성과를 높이기 위해 가장 중요한 항목"을 설문 조사하였다. 그 결과 가장 높은 비율을 나타낸 것은 '의사소통'(33%)이라는 응답이었다.

소통 능력이 뛰어난 리더는 원만한 인간관계와 높은 업무 성과를 이뤄 낼 가능성이 높지만 그렇지 못한 리더는 갈등과 불화에 직면할

가능성이 높다. 소통이 원활한 기업은 성장, 발전하지만 소통에 장애가 있는 기업은 정체, 퇴보하기 마련이다.

이처럼 매우 중요한 의미를 지니고 있는 소통은 그리 간단하지만은 않은 문제다. 직장 내 의사소통의 어려움을 설명해 주는 이론으로 켈의 법칙(Kel's Law)이 있다. 조직에서 직급이 한 단계 멀어질 때마다 심리적 거리감은 제곱으로 커지고, 직급 간에는 점점 두꺼운 벽이 존재하게 된다는 이론이다.

예를 들어 동료와의 거리가 1일 때, 상사와의 거리는 2가 되고, 심리적 거리감은 4가 된다. 직급이 한 단계 더 높은 상사와의 거리는 3이 되고, 심리적 거리감은 9가 된다. 결국 심리적 거리감이 증가하면서 소통을 가로막는 장벽이 만들어진다는 것이다. 과연 어떻게 이런 문제들을 해결할 수 있을까? 직장에서 소통이 잘 이뤄지려면 다음과 같이 노력해야 한다.

첫째, 개방적인 문화, 분위기를 형성하라.

조직 내 소통을 위해서는 어떤 이야기든지 거리낌없이 말할 수 있는 개방적인 분위기가 조성되어 있어야 소통이 가능해진다. 기업 전체적으로는 비판보다는 칭찬, 다름에 대한 수용과 인정, 실패에 대한 관용과 격려의 문화가 필요하다.

소통을 시도할 때는 편안한 시간과 장소, 분위기에서 대화하라. 대화 중에는 상대방의 강점이나 장점을 칭찬, 인정하여 상대방이 마음을 열고 대화에 참여할 수 있도록 만들어라. 무엇보다 서로의 차이를 드러내고 말할 수 있는 환경의 조성이 소통의 전제조건이다.

둘째, 최대한 접촉의 기회를 늘려라.

소통을 위해서는 각종 모임을 활성화하는 것이 바람직하다. 전문분야, 취미, 관심사항 등에 관련된 동아리를 결성하고 다양한 이벤트와 프로젝트를 추진해 구성원들 간에 다양한 연결망을 구축해야 한다.

소통은 결국 인간관계를 통해 이뤄지는 커뮤니케이션이므로 조직 구성원들 간의 접촉이 늘어날수록 활발한 소통이 가능해진다. 기업의 경영진, 부서장은 구성원 전체의 집단적인 접촉 기회를 늘리는 동시에 일대일, 개인적인 접촉 시간을 늘리는데도 관심과 노력을 기울여야 한다.

셋째, 소셜 네트워크를 활용하고 소통 채널을 다양화하라.

소통이 쉽지 않은 이유 중의 하나가 소통의 경로가 부족하기 때문이다. 회식, 야유회, 등산, 사우나, 간담회 같은 전통적인 방법과 병행하여 새로운 형태의 소통 채널을 늘려야 한다. 이메일을 비롯해 사내 게시판, 메신저, 문자, 또는 트위터, 페이스북과 같은 소셜 네트워크 서비스를 소통의 도구로 활용하는 것이 좋다.

조직 내 소통에는 제도와 시스템뿐만 아니라 구성원 개개인의 태도가 중요한 비중을 차지한다. 고정관념이나 부서 이기주의에서 벗어나 다른 사람의 의견을 개방적으로 받아들이고, 공동체의 일원으로서 사고하며, 나의 생각을 올바르게 전달하려는 끈기와 노력이 병행되어야만 원활한 소통이 가능해진다.

미국 캘리포니아 주 상원의원 바버라 복서는 "마음을 열고 다른 사람의 소리를 들어 보렴. 다른 사람들도 너처럼 저마다의 소신이 있단다."라고 말했다. 잭 웰치는 "10번 이상 말하지 않았으면, 한 번도 말하지 않은 것과 마찬가지다."라고 말했다.

이처럼 소통을 위해서는 다른 사람의 이야기에 마음과 귀를 열고, 반대로 나의 생각을 정확하게 전달하기 위해 입을 열어야 한다. 중요한 것은 딱 한가지다. 사람은 누구나 자신에게 가장 관심이 많으며, 다른 사람의 이야기를 듣는 것보다는 자신의 생각을 이야기하고 싶어 한다는 사실이다. 따라서 상대방에게 먼저 공감과 이해를 보내주는 것이 소통의 비결이다. 지금까지 설명한 요소를 활용해 직장에서 적극적으로 소통해 보라. 소통(小通)이 반복되면 대통(大通)이 될 것이다.

공감 10계명

1. '나와 당신'의 태도로 대화하라.
상대방을 소중하게 생각하고 친밀한 관계를 맺기 위해 최선의 노력을 기울여 대화하라.

2. 상대방에게 주파수를 맞춰라.
상대방의 마음이 가 있는 곳, 상대방의 관심 사항에 주파수를 맞춰라.

3. 입장 바꿔 생각하라.
상대방과 역지사지하여 생각하라. 자신의 모습을 상대방과 동일시해 본다.

4. 여섯 가지 정황을 헤아려라.
직업적, 육체적, 정신적, 가족적, 재정적, 사회적 환경을 헤아려라.

5. 긍정적 감정과 부정적 감정을 헤아려라.
상대방의 내면에 형성되어 있는 긍정적 감정과 부정적 감정을 헤아려라.

6. 비언어 메시지에 주목하라.
음성, 태도, 자세, 제스처 등 비언어 메시지에 관심을 기울여라.

7. 랑그와 파롤을 이해하라.
겉으로 드러나는 맥락에만 신경 쓰지 말고 내면적인 의미에 주
의하라.

8. 다름을 받아들여라.
각자의 신념, 성향, 기호의 차이를 받아들여라. 틀린 것이 아니
라 다른 것이라 생각하라.

9. 고정관념을 버려라.
상대방에 대한 선입견, 편견을 버려라. 색안경을 끼지 말고 있는
그대로 바라보라.

10. 질문을 건네라.
내면의 정보를 적극적으로 수집하여 공감정확도를 향상시켜라.

제 4 장

마음이 따뜻해지는 공감의 기술

하루에 10분 이상 공감하라

"엄마가 있어 좋다. 나를 예뻐해 주셔서.
냉장고가 있어 좋다. 나에게 먹을 것을 주어서.
강아지가 있어 좋다. 나랑 놀아 주어서.
아빠는 왜 있는지 모르겠다."

한동안 인터넷을 뜨겁게 달군 동시다. 초등학교 2학년이 썼다는데
나를 비롯한 수많은 아빠들의 마음을 뜨끔하게 만들었다. 얼마 전
고등학교 동창으로부터 대략 난감한 이야기를 들었다. 우연히 초등
학교에 다니는 아들의 노트를 보게 되었단다. "컴퓨터 게임 때문에
엄마와 갈등에 빠진 철수에게 어떤 말을 조언하면 좋을지 적어보라."
라는 숙제에 대한 아들의 답변을 보고 심한 충격을 받았다고 한다.
　"철수야, 엄마한테 아무리 얘기해 봐야 소용없으니까 단식투쟁을
해. 그래도 안 되면 가출을 하렴. 일주일 정도 집을 나갔다가 돌아오
면 분명히 네 소원을 들어줄 거야."
　어린아이의 철없는 생각이겠지만 분명히 부모와의 소통에도 문제
가 있을 것이라 짐작되었다. 평상시에 많은 대화를 나누고, 자신의
마음을 드러내며, 충분한 공감과 이해를 받아왔다면 노트의 내용이
달라졌을 것이다. 아마도 단식투쟁이나 가출 같은 극단적인 방법이

아니라 자신의 생각을 적극적으로 설득하라는 조언을 적었을 것이다. 역시 소통은 쉽지 않다는 사실을 친구 아이의 사례를 통해 다시 깨달을 수 있었다. 소통은 부모 자식 간에도, 형제나 친구 간에도 매우 어려운 주제다. 과연 어떻게 해야 소통과 공감을 주고받을 수 있을까?

첫째, 적극적으로 호감을 전달하라.

누군가가 초인종을 누르면 도둑이나 강도, 잡상인은 아닌지 확인한 후 대문을 열어 준다. 마음의 문도 마찬가지다. 악의가 없고 호감을 갖고 있다는 사실을 확인해야 마음의 문이 열리기 시작한다. 경계심, 불안감, 부담감으로 가득 차 있으면 절대로 열리지 않는다. 가족 간에도 허물없는 대화를 나누려면 자주 호감을 표현하는 것이 중요하다. 만약, 자신을 싫어하거나 미워한다고 생각하면, 또는 자기에게 관심이나 애정이 없다고 생각하면 가족에게도 마음을 열기란 어려운 일이다.

둘째, 경청하고 공감하라.

가족 간에 소통이 이뤄지지 않는 또 다른 이유는 이해받지 못할 것이라는 두려움 때문이다. 부모에게 자신의 말과 생각을 무시당하거나 거부당하는 일을 경험하면 마음의 문이 닫히고 더 이상 진심을 드러내지 않게 된다. 따라서 원활한 소통을 위해서는 상대방의 이야기를 적극 경청하고 적극적으로 공감을 나타내야 한다. 밥상머리, 침대머리, 책상머리를 활용하여 하루에 일정 시간 이상 대화를 나누고 충분한 공감을 표현해 줘라.

셋째, 긍정적인 대화법을 익혀라.

가족 간에 친밀한 대화를 나누려면 긍정적인 커뮤니케이션 스킬이 필요하다. 비난이나 비판은 삼가고 불가피한 경우 칭찬-비판-칭찬과 같은 샌드위치 화법을 활용해야 한다. 명령형의 표현보다는 권유, 의뢰형으로 말하고 '미안하지만 ……' '고맙지만 ……'과 같은 쿠션 용어를 사용하는 것이 좋다. 특히 자존심에 상처를 주거나 인격적인 가치를 훼손하는 말은 삼가야 한다. 잘못을 지적할 때도 최대한 자존심을 살려줄 수 있도록 주의해야 한다.

이 외에도 여러 가지 방법이 있겠지만 가장 중요한 것은 '언어는 습관, 대화도 습관'이라는 사실이다. 최소한 하루에 10분 이상은 대화를 주고받아야 조금씩 마음이 열리고 점진적으로 편안한 이야기 상대가 될 수 있다. 가족 간에도 소통과 공감을 위해서는 많은 노력이 필요하다. 영국 시인 로버트 브라우닝의 "행복한 가정은 미리 누리는 천국"이라는 말을 기억하고 소통과 공감을 통해 가정을 천국으로 만들어 보자. 하루에 10분 이상 경청과 공감의 시간을 마련하라.

미안해, 고마워, 사랑해

2007년 인기리에 방영되었던 MBC 드라마 〈뉴하트〉에 보면 다음과 같은 장면이 나온다. 가정은 소홀히 한 채 병원 일에만 미쳐 사는 남편이 아내에게 전화를 건다. 그리곤 손님과 동행할 예정이니 집 근처에 있는 식당으로 나오라 말한다. 이윽고 약속 시간, 두 사람은 탁자를 사이에 두고 마주 앉아 있다. 남편은 애꿎은 물 컵만 연신 들이킨다. 자꾸만 시간이 흘러가자 아내가 먼저 입을 연다.

아내: 오시는 분이 여기 안대요?
남편: 응.
아내: 일곱 시 다 돼 가는데? 당신이 밖에 나가 봐요. 못 찾나 봐요.
남편: 못 찾는 거 아냐. 이미 와 있어.
아내: 와 있어요? 어디에요? 누군데요?

남편은 탁자 옆으로 옮겨 앉더니 갑자기 무릎을 꿇고 아내에게 말한다.

남편: 여기 왔어. 여기 새 사람이 왔어. 옛사람은 가고 완전히 다른 새사람. 당신 아끼고 사랑하고 그리워하는 새사람이 왔어. 당신은 내 마누라고, 애엄마고, 가족이니까 내가 수술 때문에 바쁘고 늦어도 당연히 날 이해할 거라고 생각했어. 늘 기다려도 된다고 생각했어. 미안하다는 말조차 안 했어. 당신 기다리게 해서 미안하고, 외롭게 해서 미안하고, 당신 맘 몰라줘서 미안해. 수술에만 미쳐 살아서 미안해. 지금까지 같이 살아 줘서 고맙고, 날 떠나지 않아 줘서 고마워. 미안하고 고맙고 사랑해!

생각지도 못했던 남편의 고백에 아내는 뜨거운 눈물을 흘리기 시작한다.

아내: 나도 미안해요. 당신을 잘 몰랐잖아요. 자기를 불태워서 남을 비춰 주는 양초 같은 사람인데 가장 가까운 사람이 잘 알지 못했잖아요. 나 너무 어리석었어요. 정말 미안해요.

모든 관계가 마찬가지지만 부부 관계는 특히 서로에 대한 많은 이해와 공감을 필요로 한다. 남편이 아내를, 그리고 아내가 남편을 이해하지 못하면 부부 관계는 필연적으로 갈등과 불화가 생겨나기 마련이다. 반대로 남편과 아내가 서로를 잘 이해해 주면 부부 관계는 사랑과 애정이 가득 넘쳐 난다.

아내는 수술에만 미쳐 사는 남편을 이해하지 못했고, 남편 역시 아내가 자신 때문에 얼마나 힘들고 외로워하는지 이해하질 못했다. 그리곤 자신의 입장을 이해해 주지 않는다고 서로를 탓하며 지내 왔다. 아마도 이런 상황이 계속되었다면 오래지 않아 이혼이라는 파국에 이르렀을 것이다.

다행히 남편은 아내의 마음을 헤아리기 시작했다. 수술에만 미쳐 집안일은 거들떠보지도 않는 자신 때문에 아내가 겪었을 여러 가지 어려움과 외로움을 공감하기 시작했다. 일단 아내의 심정을 공감해 보니 그동안 있었던 모든 일들에 대해 미안함과 고마움이 저절로 느껴졌고, 결국 아내에게 자신의 잘못을 빌며 용서를 구하게 된다.

아내 역시 마찬가지다. 수술에만 미쳐 살던 남편이 도대체 이해가 안 되고 원망스러웠다. 그러나 곰곰이 생각해 보니 남편은 평범한 사람이 아니라, 촛불 같은 사람이라는 점을 이해할 수 있었다. 그렇게 남편의 생각을 공감하고 나니 오히려 남편을 이해해 주지 못한 것이 미안하게 생각되었다. 결국 아내도 남편에게 진심어린 사과를 건넸고 두 사람은 화해와 사랑의 포옹을 나눈 것이다.

이처럼 공감은 원만한 부부 관계를 위해 반드시 필요한 요소다. 상대방의 생각과 입장을 공감하지 못하면 원망과 탓이 늘지만, 상대방의 생각과 입장을 공감하면 미안함과 감사한 마음이 늘기 때문이다.

혼히 인간관계의 원칙을 '기브 앤 테이크'로 이야기하는데 이 말은 공감에도 동일하게 적용된다. 내가 먼저 상대방을 공감해 주면 상대방 역시 나를 공감해 주기 마련이다.

원만한 부부 관계의 비결 역시 내가 먼저 상대방을 공감하는 것이다. 그런데 이것은 드라마에서 남편이 말하듯이 새사람으로 다시 태어나야만 한다. 우리말에 "세 살 버릇 여든 간다."는 속담이 있다. 사람은 어린 시절에 형성된 마음버릇, 말버릇, 몸버릇을 몸에 지니고 있는데, 이런 버릇들은 쉽게 고쳐지지 않는다.

부부 관계에서 공감력을 높이려면 다음과 같이 노력해야 한다.

첫째, 존중적 태도

부부간의 대화는 상대방을 어떤 존재로 생각하느냐에 따라 경청과 공감이 달라진다. 가장 흉허물 없고 가까운 사이일수록 '나와 당신'의 태도로 대하려 노력해야 한다. 배우자를 대할 때는 항상 존중적 태도를 유지하라.

둘째, 감정의 필터 제거

부부간의 대화에는 감정의 필터에 주의를 기울여야 한다. 상대방에 대한 질투, 분노, 원망, 복수심 등의 부정적 감정에 사로잡히지 말고, 상대방이 말하는 내용을 객관적으로 경청해야 한다.

셋째, 맥락적 경청

부부간에 대화를 나눌 때는 배우자 경청을 하지 말고 맥락적 경청을 해야 한다. 이를 위해서는 눈 맞춤, 고갯짓, 맞장구, 반응하기 등과 같은 경청 스킬을 실천하고 상대방의 여섯 가지 정황을 헤아려 보는 연습을 통해 공감력을 향상시켜야 한다.

세상의 모든 부부들이여, 남편과 아내의 마음을 공감하라. 술 먹고 들어오는 남편에게는 잔소리가 아닌 격려와 공감을, 잦은 술자리와 늦은 귀가를 걱정하는 아내에게는 짜증이 아닌 미안함과 공감을 보내 보자. 고부간의 갈등으로 고민하는 아내에게는 위로를, 시어머니 편만 드는 남편에게는 이해를 보내 보자. 서로에 대해 미안한 점, 고마운 점이 무엇인지 공감해 보고, 내가 미처 상대방을 이해하지 못하는 점이 무엇인지 헤아려 보자.

내 사랑에 부족함이 없는지 살펴보라

며느리에게 좋은 시어머니란 어떤 사람일까? "김치, 고추장 등을 담가서 먹으라고 갖다 주는 사람"이다. 그렇다면 최고의 시어머니는 어떤 사람일까? 정답은 "김치, 고추장 등을 손수 담가서 아파트 경비실에 맡겨 놓고 집에는 방문하지 않은 채 그냥 돌아가는 사람"이라 한다. 인터넷에 떠도는 유머지만 고부 갈등의 한 단면을 적나라하게 보여주는 이야기라 생각된다.

서울시와 여성 포털 '이지데이'(www.ezday.co.kr)가 주부 3,235명을 대상으로 설문 조사를 실시하였다. 그 결과 여성들은 시어머니에게 가장 큰 스트레스를 받고 있는 것으로 나타났다. '가정 살림에 지나친 간섭과 잔소리'(28%), '남편에 대한 지나친 예우 강요'(20%), '며느리의 사회생활에 대한 이해 부족'(18%), '자녀 출산과 육아에 대한 간섭'(16%), '지나친 경제적 지원 요구'(16%) 등이 고부 갈등의 원인으로 조사되었다. 과연 고부 갈등은 영원히 풀리지 않는 미완의 과제일까?

모든 사람은 외국인이다

미국 존 그레이 박사는 자신의 저서 『화성 남자, 금성 여자』에서 남자와 여자는 서로 다른 행성에서 태어난 외계인처럼 근본적인 차이점을 지니고 있다고 말했다. 시어머니와 며느리 사이도 마찬가지다. 서로 다른 성장 문화, 생활방식의 차이에 대한 공감과 이해가 갈등 해결의 전제조건이 된다.

최근 국제결혼이 증가하면서 외국 여성을 며느리로 맞는 경우가 많아지고 있다. 이런 경우, 시어머니와 외국인 며느리 간에는 서로

다른 언어, 식습관, 문화적 차이를 당연한 것으로 받아들이고 가족
관계를 시작한다.

한국인 며느리도 마찬가지다. 30여 년에 이르는 시간을 다른 집에
서 다른 기풍의 영향을 받고 성장하였다. 따라서 말이 안 통하고, 취
향이 다르고, 생각이 맞지 않는 것은 당연한 일이다. 서로에 대해 이
해가 안 되는 점이 있어도 그 차이점을 비난하거나 불평하지 마라.
모든 시어머니와 며느리는 외국인과 마찬가지라 생각하고 상대방을
이해하려 노력해야 한다.

흑기사가 되라

대부분의 시어머니는 며느리를 독립된 인격체로 생각하기보다는,
아들을 위한 부차적인 존재로 인식한다. 따라서 며느리와 관련된 일
을 판단할 때 아들의 행복에 도움이 되느냐, 그렇지 않느냐는 기준
에 따라 평가하는 경우가 많다. 모성애를 지닌 어머니로서 어쩔 수
없는 본능이겠지만 그런 차별적인 잣대는 고부 갈등의 원인이 될 뿐
이다. 흔히 '며느리를 딸처럼 대하라'는 말에는 내 자식처럼 소중하
게 생각하라는 뜻과 함께 아들과 며느리를 차별 대우하지 말라는
뜻도 담겨져 있다.

사회에서 술이 약한 여성을 대신해 술을 마셔 주는 사람을 '흑기
사'라고 부른다. 원만한 고부 관계를 만들려면 시어머니가 아들이 아

닌 며느리의 흑기사가 돼 주어야 한다. 며느리를 아들의 아내라고만 생각하지 말고, 자신만의 인생이 있는 소중한 존재로 생각하라. 며느리 또한 시어머니의 흑기사가 되기 위해 애써야 한다.

사랑하라

나는 2남 1녀 중 막내로 태어났다. 지금은 일본에서 생활하는 누이가 어린 시절 어머니와 말다툼을 벌이는 모습을 많이 보았다. 현재 나는 1남 1녀를 두고 있다. 큰 아이가 대학교 1학년인데 거의 날마다 아내와 다투는 모습을 목격한다. 공부 때문에 싸우고, 옷차림이나 머리 스타일 때문에 싸운다. 용돈 때문에 싸우고, 때로는 외출 시간 때문에 싸운다.

아마도 모든 가정의 풍경이 비슷할 것이다. 그렇지만 모녀 갈등이 심각한 사회적 문제로 떠올랐다는 말은 들어보지 못했다. 어떤 이유 때문인지 매우 신기하다. 결국 모녀 갈등과 고부 갈등을 비교해 보면 다음과 같은 사실을 깨닫게 된다.

첫째, 같이 살기 때문에 싸우는 것이다. 피를 나눈 모녀지간도 한 울타리 안에서 살면 반드시 충돌이 일어나기 마련이다. 따라서 고부 갈등도 함께 살아가는 가족 관계에서 불가피하게 발생하는 현상이라 이해해야 한다.

둘째, 딸과의 갈등은 쉽게 해소되는데 며느리와의 갈등이 자꾸 증

폭되는 이유는 사랑에 달려 있다. 딸과의 갈등은 '자식 이기는 부모 없다'는 말처럼 내리사랑으로 끝나는 경우가 대부분이다. 반면에 고부간의 갈등은 서로 지지 않겠다는 마음이 강하게 작용한다. 이렇게 해서는 좋은 관계가 형성되지 않는다. 시어머니는 내리사랑으로, 며느리는 효(孝)의 마음으로 서로를 대해야 한다.

전국노래자랑에 고부(姑婦)가 함께 출연해, 며느리는 노래를 부르고 시어머니는 춤을 추었다. 신기하게 생각한 사회자가 질문을 건네니 며느리가 이렇게 말한다.

"집에 인물이 잘난 사람이 들어와야 하는데 제가 그렇지도 못하고 친정이 넉넉지 못해 도움도 못 드리고, 또 반찬 솜씨도 없어서 시어머니에게 맛있는 것도 못 해 드렸어요. 그래서 시어머니에게 무엇으로 즐겁게 해 드릴까요 했더니 '야, 전국노래자랑에 나가 너 노래하고 나 춤 한 번 추자.'고 해서 모시고 나왔어요."

이 글을 읽는 세상의 모든 시어머니에게 말하고 싶다. 인물이 못나고, 넉넉한 집안 출신이 아니고, 반찬 솜씨가 없더라도 며느리를 내 자식처럼 생각하고 따뜻하게 사랑하라. 30년 이상 외국에서 살다 온 사람으로 생각하고 아들과 똑같이 대우하라. 며느리에게는 맹자의 말로 대신한다. "누군가를 사랑하되 그가 나를 사랑하지 않거든 나의 사랑에 부족함이 없는지 살펴보라." 시어머니를 사랑하되, 나를 좋아하지 않으면 나의 사랑에 부족함이 없는지 살펴봐야 한다.

오죽하면 그렇게 했겠습니까

"그렇게 긴 시간 동안에 우리는 단 한 번 죽는다."

프랑스 희극작가 몰리에르(Moliere)가 남긴 말인데 죽음에 관한 한 내가 가장 공감을 느끼는 명언이다. 나이가 들수록 죽음에 대한 공포심도 많아지지만 70, 80년에 이르는 긴 인생에 단 한 번만 죽는다는 사실은 큰 위안이다. "너무 낙심하지 말도록 하시오. 보세요. 하늘이 어쩌면 저리도 곱고 맑습니까. 나는 이제 그곳으로 가는 겁니다."라는 장 자크 루소의 말, "이별의 시간이 왔다. 우린 각자의 길을 간다. 나는 죽고 너는 산다. 어느 것이 더 좋은가는 신만이 안다."는 소크라테스의 명언을 읽으며 조금이나마 위안을 받게 된다. 틀림없이 사람은 누구나 영원한 생명과 평안한 죽음을 갈구하기 마련일 것이다.

그런데 이런 생각과는 다르게 텔레비전이나 신문에는 사람들의 자살 소식이 빈번하게 들려온다. 나 역시 자살을 시도해 본 경험이 있기 때문에 그런 뉴스를 접할 때마다 비난보다는 안타까운 마음만 가득할 따름이다.

2010년, 행복전도사로 유명했던 최윤희 씨가 남편과 함께 동반자살을 했을 때도 마찬가지였다. 처음에 소식을 들었을 때는 차마 믿기지도 않았다. 그녀는 대한민국이 알아주는 명강사로 많은 사람들에게 행복을 강의하던 사람이 아니었던가? 언론과 방송, 그리고 많은 사람들이 그녀의 자살을 비겁한 행동인 것처럼 질책했지만 나는 도저히 그럴 수가 없었다. 오히려 '전신성 홍반성 루프스'라는 불치병을 앓으며 그녀가 겪었던 육체적 고통과 정신적 번민이 고스란히 느껴졌다.

실제로 그녀는 "700가지 통증에 시달려 본 분이라면 저의 마음을 조금은 이해해 주시리라 생각합니다."라는 말을 유서에 남겼다. 만약 그녀와 똑같은 상황이었다면 나는 더 빨리 목숨을 끊었을지도 모르는 일이다.

며칠 전, 어버이날에도 비극적인 소식이 전해졌다. 자식들을 여행 보내고 난 후, 노부부가 집 베란다에 목을 매 함께 자살했다는 기사가 뉴스에 나왔다. 남편은 치매에 걸렸고 아내는 암에 걸려 투병 생활 중이었다. 그런데 자식들에게 짐이 되기 싫다는 이유로 동반자살을 시도한 것이다. 노부부가 남긴 유서에는 다음과 같이 적혀 있었다.

"고맙다. 미안하다. 아버지, 엄마가 같이 죽어야지 어느 하나만 죽으면 짐이 될 것이다. 아들들 잘 키워라."

아마도 뉴스를 본 대부분의 사람들 마음속에는 노부부에 대한 비난보다는 안타까운 마음이 더욱 많았을 것이다. 중병에 걸려 몸은 아프고, 돈은 없고, 자식들에게는 눈치만 보인 노부부의 삶이 너무나 잘 공감되었기 때문이다. 나 역시 '오죽하면 ……'이라는 말이 자연스럽게 흘러나왔다. 동시에 내게는 절대로 그런 일이 발생되지 않도록 더욱 철저히 노후를 준비해야겠다고 다짐하였다.

결국 곰곰이 생각해 보면 노부부의 죽음이나 최윤희 씨의 죽음이나 모두 마찬가지다. 그들이 처해 있던 상황을 공감해 보면 굳이 이해 못할 일도 아니요, 비난으로만 몰아붙이기도 어려운 일이다. "남을 심판하는 사람은 남을 사랑할 시간이 없다."라는 테레사 수녀의 말처럼 우리에게 필요한 것은 그들에 대한 평가나 심판이 아니라 그들이 겪은 상황에 대한 따뜻한 공감일 것이다.

오래 전, 〈우리들의 행복한 시간〉이란 영화를 흥미 있게 보았다. 대략 이런 내용이다. 세 번이나 자살을 시도한 대학교수 유정(이나영)은 정신병원에 입원하는 대신 이모의 권유로 교도소에 수감된 죄수들에게 봉사하는 일을 선택한다. 그리곤 교도소에서 사람을 죽인 사형수 윤수(강동원)를 만나게 된다. 부유하고 화려한 유정, 가난하고 불우했던 윤수. 두 사람의 유일한 공통점은 더 이상 인생을 살고 싶어 하지 않는다는 것이다.

매주 목요일, 아침 10시부터 낮 1시까지 두 사람 사이에 서먹서먹한 면회가 시작된다. 처음에는 서로에게 상처를 주지만, 차차 마음의 문을 열고, 서로에게 공감하고, 길들고, 그리고 사랑한다. 시간이 흐를수록 사람과 신과 운명을 용서하고, 인생은 살만한 것이라고 느낀다. 이제 두 사람은 더 이상 죽음을 원하지 않고 오히려 간절하게 살고 싶어 한다. 그러나 갑작스럽게 사형집행일이 결정되고, 마지막 죽음의 순간 윤수는 유정에게 말한다.

"내 얼굴 까먹으면 안 됩니다. 사랑합니다!"

사랑하는 '단 한 사람만' 있어도 인생은 아름답다. 사랑하는 '단 한 사람도' 없다면 인생은 무의미하다. 그러니 행복해지고 싶다면 누군가를 사랑해야 한다. 그리고 때로는 용서해야 한다. 행복한 삶을 위해서는 마음을 열고, 공감하고, 길들고, 사랑해야 한다. 특히 가장 중요한 것은 공감이다. 〈우리들의 행복한 시간〉에서 유정과 윤수는 다음과 같은 대화를 나누며 마음을 연다.

면회를 온 유정이 조심스럽게 마음을 털어놓는다.

"나는 학교에서 꼴통이라고 불려요."

윤수가 고개를 끄덕이며 대답한다.

"나도 교도소에서 꼴통으로 통해요."

옆에서 두 사람의 대화를 듣고 있던 간수, 이주임이 말한다.

"말수가 적어서 그렇지 사실은 나도 꼴통이야."

세 사람은 함께 소리 내어 웃는다. 이 순간, 그들은 서로에 대해 깊고 강한 공감대를 형성하고 있었다.

공감은 사람의 마음의 문을 여는 열쇠다. 유정과 윤수 역시 '꼴통'이라는 공감대를 통해 마음을 열었다. 만약 '나는 꼴통'이라는 유정의 말을 윤수가 공감할 수 없었다면 마음은 열리지 않았을 것이다. 윤수는 '나도 꼴통'이라는 말로 유정의 마음을 공감해 주며 서로의 마음을 열 수 있었다.

타인의 마음을 공감하려면 '꼴통'같은 말과 행동을 보더라도 '오죽하면'이라는 생각으로 이해해야 한다. '오죽하면 그런 말을 할까?', '오죽하면 그런 행동을 할까?', '오죽하면 그런 결정을 내렸을까?'라고 공감해야 한다.

미국 대통령 링컨은 어떤 사람과 갈등이 생기자 "그 사람은 영 맘에 들지 않아. 그에 대해 더 많이 알아야겠어."라고 말했다. 지금 마음에 들지 않는 사람이 있다면 다음과 같이 말해 보라. "오죽하면 그렇게 했겠습니까? 모두 이해합니다."

내가 당신이었더라도 마찬가지였을 겁니다

몇 년 전, 〈여섯 개의 시선〉이라는 영화가 상영된 적이 있다. 국가인권위원회 후원으로 박광수, 여균동, 임순례, 박찬욱, 박진표, 정재은 등 여섯 명의 감독이 만든 여섯 편의 단편을 모은 영화였다. '인권과 차별'이라는 주제를 공통분모로 "입장 바꿔 생각해 보자"는 것이 주요 메시지였는데 영어 제목은 〈If you were me(만약 당신이 나라면)〉이었다. 사회생활을 하다 보면 자주 듣게 되는 말 중에 하나가 "역지사지(易地思之)", "입장 바꿔 생각해 보라"는 표현이다. 맹자(孟子) 이루(離婁) 편에 보면 '역지즉개연(易地則皆然)'이라는 말이 나온다.

"중국의 전설적인 성인이자 정치가인 하우(夏禹)와 후직(后稷)은 자기 집 앞을 세 번씩이나 지나가지만 안으로 들어가지 않았다. 하나라의 첫 번째 임금이었던 우(禹)는 물에 빠진 사람이 있으면 자신이 치수(治水)를 잘못한 탓이라 생각했고, 주나라 왕실의 선조인 후직(后稷)은 굶주리는 사람이 있으면 자신이 일을 잘못했기 때문이라고 여겨서 자기 집 앞을 세 번이나 지나면서도 일체

들리지 않을 정도로 백성들을 위해 바쁘게 일한 것이다. 공자의 제자 안회(顏回)는 어지러운 세상에 누추한 골목에서 물 한 바가지와 밥 한 그릇으로만 생활하였다. 맹자는 '하우와 후직과 안회는 같은 뜻을 가졌는데, 하우와 후직과 안회는 처지를 바꾸어도 모두 그렇게 하였을 것이다(禹稷顏子易地則皆然).'라고 말하였다."

맹자는 하우와 후직, 안회를 통해 사람이 살아가야 할 올바른 삶의 자세를 깨우치려 했다. 그런데 이 말이 후대에 내려오면서 '상대편과 처지를 바꾸어 생각하라.'는 뜻의 역지사지(易地思之)로 바뀐 것이다. 소통과 공감의 핵심 비결은 상대방의 입장과 상황을 역지사지하는 것이다.

1863년 7월 4일, 남군 사령관 리(Robert Lee)는 북군의 총공세를 견디지 못하고 병사들에게 퇴각 명령을 내렸다. 하지만 북군의 추격을 피해 포토맥 강변에 도착해 보니 며칠째 계속된 폭우로 도저히 강을 건널 수 없는 상황이었다. 앞에는 강물이 넘실대고 뒤에는 북군이 포위망을 좁혀 오고 있었다. 리 장군으로서는 패배 아니면 항복밖에 선택의 여지가 없었다.

한편, 북군으로부터 전황을 보고받은 링컨은 지체 없이 남군을 공격하라는 명령을 내렸다. 그러나 미드 장군은 작전 회의를 열어 시간을 지체했고, 여러 가지 구실을 만들어 즉각적인 공격을 지연시켰다. 그러는 동안 홍수로 넘쳤던 강물이 줄어들었고 리 장군과 남군은 포토맥 강을 넘어 도주하고 말았다. 이 소식을 듣고 격노한 링컨은 미드 장군에게 한 통의 편지를 썼다.

"친애하는 미드 장군, 나는 이번에 놓친 남군의 탈출이 가져올 불행한 사태에 대해 장군이 올바른 인식을 하고 있었다고 믿기 어렵군요. 적은 바로 우리의 눈앞에 있었으며, 장군이 재빨리 그들을 공격했다면 틀림없이 전쟁은 끝이 났을 것이오. 그러나 이제는 그런 희망이 모두 사라져 버렸고, 오히려 전쟁은 무한정 길어질 상황에 처해 버렸소. 장군이 포위망에 갇힌 적조차 공격할 수 없다면 어떻게 포토맥 강을 넘어 남군을 공격하는 일이 가능하겠소? 앞으로도 장군이 승리할 수 있을 것이라고 기대하는 것은 마치 기적을 바라는 일이며, 사실 이제는 그런 기적도 바라지 않소. 장군은 하늘이 내려 준 황금 같은 기회를 놓쳤으며, 그로 인해 나 역시 끝없는 고통에 빠지게 되었소."

링컨의 편지를 읽은 미드 장군의 심정은 어떠했을까? 그러나 미드 장군은 이 편지를 받아 보지 못했다. 링컨은 편지를 보내지 않았고, 이 편지는 링컨의 사후에 유품과 함께 발견되었다. "남의 비판을 받고 싶지 않으면 남을 비판하지 말라. 그들과 같은 처지였다면 우리 역시 그렇게 했을지 모르는 일이다."라는 말을 남겼던 링컨은 편지를 쓰며 다음과 같이 생각했을 것이다.

"내가 만일 미드 장군처럼 전쟁터에 있었다면, 그래서 며칠 동안이나 피비린내 나는 전투를 겪으며 부하들의 비명소리를 듣고 부상자들이 흘리는 피와 상처를 봤다면, 나 역시 쉽게 공격을 감행하지 못했을지도 모르는 일이다."

링컨은 미드 장군이 처해 있던 상황을 이해하려 노력했고, 결국 그런 공감을 통해 편지를 발송하지 않은 것이다. 링컨이 사람들의 존경을 받는 것은 이처럼 다른 사람의 입장과 상황을 잘 이해해 주었기 때문이었다.

우리나라 반기문 유엔 사무총장도 마찬가지다. 외교부에 근무할 당시 반기문은 남다른 능력을 인정받았다. 그리곤 일 년에 두 차례나 승진을 거듭하며 선배와 동기들을 앞지르게 된다. 보통 사람 같으면 자신의 능력을 자랑하며 당연한 결과라고 생각했겠지만 반기문은 그렇지 않았다. 그는 선배와 동기 100여 명에게 "먼저 승진하게 되어 정말 미안하다. 더욱 열심히 노력하겠다."라는 내용의 편지를 보냈다. 반기문이 유엔 사무총장이 될 수 있었던 이유는 이렇게 사람들의 마음을 헤아릴 줄 아는 역지사지의 공감 능력이 탁월했기 때문인 것이다.

공감은 입장을 바꿔 생각해 보는 일이다. 인디언 속담에 "그 사람의 신발을 신고 오랫동안 걸어 보기 전까지는 그 사람을 판단하지 말라."는 말이 있다. 이처럼 자신의 입장이 아닌 상대방의 입장에서 생각해야 객관적인 판단이 가능해진다. 부모는 자식의 입장에서, 남편은 아내의 입장에서, 영업사원은 고객의 입장에서, 상사는 부하의 입장에서 상대방의 생각과 감정을 공감해야 한다. 소통과 공감을 위해서는 이렇게 말할 수 있어야 한다. "내가 당신이었더라도 마찬가지였을 것입니다."

어떤 대답을 듣고 싶어 하는 걸까

엄마와 아빠가 대화를 나누고 있는데 초등학교 아들이 다가와 이야기한다.

"엄마, 아빠! 제가 수학을 잘 못하잖아요. 그런데 이번 중간고사에서 수학시험을 아주 잘 봤어요. 몇 점 받았게요?"

아이의 말을 듣고 기뻐한 아빠는 80점이라고 대답했고, 엄마는 100점이라고 대답하였다. 만약 당신이 똑같은 상황이라면 80점과 100점 중에서 몇 점이라고 대답했을 것인가? 정답은 관심, 공감, 배려의 3단계에 달려 있다.

먼저 아들의 이야기에 관심을 가져야 한다.

"어? 우리 아들이 뭔가 이야기를 하고 싶어 하네. 잠시 대화를 멈추고 아이의 말을 들어보자. 자기가 수학 공부를 못하는데 이번 수학시험을 잘 봤다고 하는구나."

다음은 공감으로 아이가 지금 어떤 생각, 어떤 감정인지 헤아려본다.

"아! 이번에 수학 시험을 잘 봐서 자랑하고 싶은 모양이구나. 엄마, 아빠에게 칭찬받고 싶은 거야."

마지막으로 배려를 해야 한다. 그런데 이때가 가장 중요하다. 그냥 생각나는 대로 대답하면 안 되고 아이가 몇 점을 받았는지 추측해 봐야 한다. 아이가 수학 시험에서 받은 점수는 90점이었다. 모처럼 자랑하고 싶은 마음에 "몇 점 받았게요?" 하고 물어봤는데 눈치도 없이 "100점."이라고 대답하면 어떻게 될까? 시쳇말로 표현해서 김이 새고 만다. 아이의 마음에는 "에이! 그렇게 높지는 않고 90밖에 못 받았는데 ……."라는 생각이 떠오르게 된다. 반면에 "80점."이라고 대답하면 "하하, 그것보다 높은 90점이나 받았는데 ……."라는 생각이 들고 자신의 점수를 당당하게 자랑할 수 있다. 따라서 이런 상황이라면 아이가 자랑할 수 있도록 예상 점수를 다소 낮게 대답하는 것이 올바른 공감이다. 즉, 정답은 80점이라고 말하는 것이다.

주변 사람들과 좋은 관계를 형성하려면 상대방의 마음을 정확하게 공감할 수 있어야 한다. 다음 대화 내용을 살펴보자. A와 B 중에 어떤 사람이 상대방의 마음을 잘 공감하고 있다고 생각되는가?

〈아내가 아들과 함께 청계천에 구경 왔다고 전화했어. 하루 종일 회사 업무로 피곤한데 퇴근하면 그쪽으로 오라고 하네. 그냥 둘이서만 구경하고 돌아가면 좋겠는데 …….〉

A: 아들이 청계천에 왔으면 당연히 아버지 역할을 해야죠. 안 가면 아들이 얼마나 실망하겠어요? 공연히 엄살 부리지 말고 얼른 달려가세요.

B: 일찍 집에 가서 푹 쉬고 싶을 텐데 정말 피곤하시겠어요. 그래도 아빠를 만나면 아드님이 무척 좋아할 테니 힘내세요!

〈내가 맏며느리도 아니고 막내며느리잖아요. 그런데 왜 내가 10년 넘게 시부모님을 모셔야 해요. 정말 힘들어서 못살겠어요.〉

A: 막내아들은 자식 아냐? 그러면 당신네 집안에도 장남만 부모님을 모셔야 되겠네?

B: 그래. 당신이 맏며느리도 아닌데 10년씩이나 시부모님 모시느라

고생 많았지. 정말 고마워. 그렇지만 조금만 더 참고 이해해 줘. 내가 당신이 수고한 거 잊지 않고 은혜 갚을게.

〈엄마, 친구들이랑 컴퓨터 게임하다가 깜빡 잊어버리고 학원에 못 갔어요. 정말 죄송해요. 다시는 안 그럴게요.〉

A: 너는 누구를 닮아서 그렇게 노는 것만 좋아하니? 엄마가 학원시간 잘 지키라고 분명히 말했지? 엄마 말을 우습게 아는 거야? 오늘부터 컴퓨터 게임 중지야. 알았지?

B: 엄마도 너처럼 어릴 때는 친구랑 노는 게 더 좋았단다. 엄마는 네 마음 충분히 이해해. 그렇지만 학원 열심히 다니겠다고 약속했었지? 다음부터는 시간에 늦지 않도록 조심해야 돼. 알았지?

〈지난달에 자동차 계약한 사람입니다. 내비게이션이 자꾸 고장 나서 그러는데 어떻게 해야 되죠?〉

A: 저도 내비게이션 기능은 잘 몰라요. 서비스센터에 직접 방문하셔야 될 것 같은데요.

B: 차를 구입한 지 얼마 지나지도 않았는데 내비게이션이 고장 나서 많이 속상하시겠어요. 어떻게 하면 되는지 제가 알아보고 다시

전화 드릴게요. 불편하시겠지만 조금만 기다려 주세요.

네 가지 모두 B가 상대방의 마음을 가장 잘 공감해 주고 있다. A 처럼 상대방의 마음을 공감하지 못하면 이야기를 하는 사람 입장에서는 차라리 말을 꺼내지 않는 편이 나았을 것이라 생각될 뿐이다. 대화를 나눌 때는 항상 상대방의 마음을 공감하려 노력해야 한다. 상대방이 질문을 건네면 어떤 대답을 듣고 싶어 하는 것인지를 헤아려야 하며, 상대방이 어떤 주제에 대해 이야기를 꺼내기 시작하면 어떤 반응을 원하는 것인지 헤아려야 한다. 사람들과 대화를 나눌 때는 항상 마음속으로 질문해 보라.

"어떤 대답을 듣고 싶어 하는 걸까?"

무슨 생각을 하고 있을까

"당신의 인생은 당신이 하루 종일 무슨 생각을 하는지에 달려 있다."

미국 시인이자 사상가인 랄프 왈도 에머슨이 남긴 명언이다. 이 책의 주제에 맞게 바꿔 보면 "당신의 공감 능력은 다른 사람들이 무슨 생각을 하는지 알 수 있느냐에 달려 있다."라고 표현될 것이다. 가수

이선희의 노래 〈알고 싶어요〉에 다음과 같은 가사가 나온다.

달 밝은 밤에 그대는 누구를 생각하세요~♪
잠이 들면 그대는 무슨 꿈꾸시나요~🎵
깊은 밤에 홀로 깨어 눈물 흘린 적 없나요.
때로는 일기장에 내 얘기도 쓰시나요~♪
나를 만나 행복했나요. 나의 사랑을 믿나요~🎵
그대 생각 하다 보면 모든 게 궁금해요~♪

사랑하는 사람이 생기면 모든 게 궁금해지기 마련이다. 무엇을 하고 있을까? 밥은 먹었을까? 잠자고 있을까? 음악을 듣고 있을까? 좋아하는 것은 뭘까? 내 생각은 할까? 기타 등등 사랑하는 사람의 마음과 생각, 모든 게 궁금해진다. 이 정도까지는 아니더라도 공감을 잘하려면 상대방의 생각을 궁금해하고 상대방의 감정을 파악하려는 노력을 끊임없이 기울여야 한다.

며칠 전 텔레비전에서 주말 드라마를 보는데 부부가 말다툼을 벌이는 장면이 등장한다. 전업주부였던 아내는 방송작가로 활동하며 명성을 얻기 시작했고, 학원을 운영하던 남편은 사업에 실패해 집에서 아이들을 돌보고 있는 상황이었다. 밤늦게 귀가한 아내에게 남편이 화를 벌컥 내자 아내가 황당하다는 표정을 지으며 말한다.

아내: 방송작가로 활동하다 보면 연기자들과 식사하고, 술 먹고, 함께 어울릴 수 있잖아요? 어쩌다 한두 번 늦게 들어왔다고 이렇게 화를 내요? 당신 어떻게 내 맘을 그렇게 몰라요? 누군 좋아서 그러는 줄 알아요?

남편: 그러는 당신은 요즘 내가 무슨 생각하면서 사는지나 알아?

아내: 그걸 내가 어떻게 알아요? 말한 적도 없잖아요?

남편: 그렇겠지. 알 턱이 있나. 전혀 관심조차 없겠지. 더 이상 필요 없어. 당장 작가 그만두든지, 아니면 나랑 이혼해. 더 이상 이대로는 못살아.

　

　놀란 눈으로 쳐다보는 아내를 방 안에 남겨둔 채 남편은 문을 꽝 닫고 밖으로 나가 버렸다. 비록 드라마 속의 대사였지만 실제로 이와 같은 대화는 우리가 일상생활에서 많이 듣게 되는 표현들이다.

　

"네 생각이 그런 줄 정말 몰랐다."

"그렇게 생각할 줄은 전혀 몰랐어요."

"내 생각에는 전혀 관심 없잖아요."

"내 생각은 어떤지 알려고도 노력 안 했잖아요."

"내 생각이 뭔지도 모르잖아요."

2009년, 많은 사람들로부터 인기를 끌었던 〈멘탈리스트〉(The Mentalist)라는 미국 드라마가 있다. 주인공 페트릭 제인(사이먼 베이커)은 뛰어난 관찰력과 직관으로 사람들의 말과 행동을 관찰하여 상대방의 심리를 꿰뚫어 보는 초인적인 정신력의 소유자다. 이처럼 타인의 생각을 읽을 수 있는 능력을 가진 사람을 멘탈리스트라고 부르는데 공감을 잘하려면 우리는 멘탈리스트가 되어야 한다.

2010년에 출간된 『스눕』이라는 책에서는 어떤 사람이 살고 있는 장소나 소지품 등을 통해 상대방의 성격과 생각을 파악하는 방법을 소개하고 있다. 스눕(snoop)은 '기웃거리다', '염탐하다'라는 뜻의 영어인데 결국 멘탈리스트는 스눕을 잘하는 사람이라고 말할 수 있다. 다른 사람의 생각을 정확하게 스눕 하는 사람만이 뛰어난 멘탈리스트가 되고, 사람들과 깊은 공감을 형성할 수 있다.

공감력을 높이려면 사랑하는 연인의 생각을 알고 싶어 하는 것처럼 다른 사람의 생각을 궁금해해야 한다. 그리곤 자주 질문을 건네야 한다. 먼저 스스로에게 "그 사람은 무슨 생각을 하고 있을까?"라고 질문해야 하며, 그 다음에는 상대방에게 "무슨 생각을 하고 있습니까?"라고 질문해야 한다. 공감력을 높이려면 상대방의 생각을 스눕 해보는 훈련을 반복하여 멘탈리스트가 되어야 한다. 지금 가족이나 직장 동료들을 떠올려 보고 머릿속으로 질문해 보라. "무슨 생각을 하고 있을까?"

어떤 기분일까

　작가 노희경의 드라마 대본집 『그들이 사는 세상』을 읽다 보니 다음과 같은 대사가 눈에 들어온다. KBS에서 드라마로 방송될 때도 즐겨 봤는데, 글자로 읽는 대사는 또 다른 감흥을 안겨 준다. 방송가 새내기 감독인 주준영(송혜교)이 남자친구 김준기(이준혁)와의 전화통화에서 주고받는 대화다.

준영: 기분 어때?

준기: ······

준영: 전화하는 도중에, 자기가 말하는 도중에 내가 전화 끊으니까, 기분 어때? 드럽지? 나는 그런 기분 자기랑 만나는 동안 수백 번도 더 느꼈어! 우리가 백 일 넘게 안 만나다가 다시 만난 날, 헤어지자고 누가 먼저 그랬어? 자기가 그랬어. 나는 약속을 못 지킨 이유에 대해 변명하고 싶었는데, 기회 줬어? 자존심 구겨 가며 매달리는 나한테, 단 한마디 말도 없이 전화 뚝뚝 끊어 버리고, 그러다 갑자기 턱 지겹다고 문자 보낸 사람한테 내가 뭐라 그래? 사람 그렇게 비참하게 만들어 놓고, 매달리지 않는다고, 진지하지 못하다는 건 내 입장에서 너무 일방적이야.

준영은 일방적으로 전화를 끊어 버림으로써 예전에 자기가 경험했던 불쾌한 기분을 준기가 느끼도록 만든다. 그리곤 자신의 마음과 입장을 이해하지 못하고 일방적으로 행동하는 준기의 태도를 비난한다. 아마도 모든 인간관계가 이와 크게 다르지 않을 것이다. 좋은 관계를 형성하려면 상대방의 기분을 이해해야 하는데 대부분 자신의 기분에만 충실하다. 그리곤 똑같은 입장에 놓이기 전까지 절대로 타인의 기분을 공감하지 못한다. 그러나 성공적인 인간관계를 형성하려면 항상 다른 사람의 기분을 살피고 공감해야 한다.

지금 당신은 어떤 기분일까? 좋은 기분? 나쁜 기분? 그것도 아니라면 그저 덤덤한 기분? 폼생폼사라는 말도 있지만 우리는 기분에 살고 기분에 죽는다. 좋은 기분에 사로잡히면 인생과 세상이 마냥 밝고 행복하다. 나쁜 기분에 사로잡히면 인생과 세상은 마냥 어둡고 불행하다. 앞으로 다가올 미래나 미처 경험해 보지 못한 미지의 삶 또한 기분으로 평가된다.

-50살이 되면 어떤 기분일까?
-로또에 당첨되면 어떤 기분일까?
-사랑에 빠지면 어떤 기분일까?
-암이나 불치병에 걸리면 어떤 기분일까?
-하늘을 날면 어떤 기분일까?

며칠 전 인터넷을 검색하던 중 '이외수' 작가의 인터뷰를 보게 되었다. 그중의 일부분이다

기자: 등단 40년의 중견 작가다. 사회문제에 비판의 목소리를 높이는 일이 불편하지 않나?

이외수: 피곤하다. 환갑이 넘었는데도 개새끼, 소새끼라는 욕설을 듣는다. 젊은 작가들은 이 때문에 블로그를 폐쇄하기도 한다. 30~40대 작가들도 포기하는데, 이 나이에 젊은 애들한테 그런 이야기를 들으면 어떤 기분이 들겠나.

나는 이외수의 답변에 큰 공감을 느꼈다. 나 또한 트위터에서 유쾌하지 못한 일을 많이 겪었기 때문이었다. 인터넷은 익명성이 보장되는 공간이다 보니 때로는 매우 무례하고, 욕설까지 내뱉는 사람들을 만날 때가 있다. 그럴 때마다 황당한 생각과 함께 타인의 마음을 헤아리지 못하는 공감 능력이 안타깝게 생각되었다. 물론 그중에는 악의적인 사람들도 있겠지만 대부분은 자신의 말이 상대방에게 어떤 상처를 주는지 미처 공감하지 못하기 때문에 생겨나는 일들이다.

공감을 잘하려면 다른 사람의 기분에 관심을 가져야 한다. 가장 좋은 것은 "지금 어떤 기분일까?"라고 스스로 추측해 보는 것이며, 동시에 "지금 기분 어때?"라고 질문을 건네는 것이다.

1997년에 상영된 〈굿 윌 헌팅〉(Good Will Hunting)이라는 영화가 있다. 천재적인 두뇌를 가졌지만 마음의 문을 닫고 살던 청년 윌 헌팅(맷 데이먼)이 심리학 교수 숀 맥과이어(로빈 윌리엄스)와의 만남을 통해 상처를 치유하고 변화되어 가는 과정을 그린 작품이다. 몇 번을 망설이다 마침내 찾아온 윌 헌팅에게 숀 맥과이어가 건넨 첫 번째 말은 이렇다.

"기분 어때? 정확하게 어디 출신이지?"

이처럼 마음을 열고 신뢰를 형성하려면 상대방의 기분을 헤아리고 공감해야 한다. 사실 트위터에서 좋은 관계를 형성하는 비결도 간단하다. 다른 사람이 올리는 글을 읽어보며 그 사람이 어떤 기분인지 헤아리면 된다. 어제 오후, 트위터에 접속해 보니 SBS에서 25년간 활동한 윤영미(@yoonyoungmeWa) 아나운서의 글이 타임라인에 올라와 있었다.

"오늘 저녁 뭐해 드세요? 안동간고등어 어떠신지요? 잠시 후 6시 35분 CJO쇼핑 윤영미의 오키친에서는 이동삼 명인의 안동간고등어를 소개합니다. 혹 집에 계시면 보아주세요~^^"

이 글을 읽어보면 시청자가 많아지기를 바라는 기분을 느낄 수 있다. 그러면 남은 일은 리트윗(RT)을 통해 여러 사람들에게 홍보해 주는 것이다. 실제로 나는 그렇게 했고, 그 결과는 다음과 같다.

"@blu62 선생님 감사해요^^"

오늘도 마찬가지다. 트위터 문학상 심사위원으로 활동한 기천검 작가의 글이 눈에 들어왔다. 무슨 내용인가 읽어보니 다음과 같이 적혀 있다.

@kichun : 한국 대표 꽃남작가 기천검의 신작판타지 [케노스전기] 열혈연재 중입니다. 많은 사랑과 관심 부탁드립니다. 먹고 살게 도와주십시오. http://j.mp/hzVXmA

나는 즉시 '힘내라'는 메시지를 덧붙여 기천검 작가의 글을 리트윗해 주었다. 두어 번 만난 적은 있어도 자세한 속사정은 알지 못한다. 그러나 작가의 생활이란 게 으레 척박하기 마련이니, 굳이 설명을 듣지 않아도 어떤 기분일지는 충분히 느껴졌다. 사실 나 또한 전업 작가의 길로 접어든 상태였기에 더욱 이심전심으로 공감할 수 있었을 것이다. 소통과 공감을 위해서는 항상 상대방의 기분을 헤아려야 한다. 지금 당신이 가장 공감하고 싶은 사람을 생각해 보며 질문해 보라. "어떤 기분일까?"

얼마나 마음이 아프십니까

인생을 행복하게 살려면 '때문에'라는 말보다 '덕분에'라는 말을 자주 사용해야 한다. 출근길에 눈이 쏟아질 때, '눈 때문에 차가 많이 막히겠다'는 생각보다는 '눈 덕분에 설경(雪景)을 즐길 수 있고, 전화나 문자로 눈 소식을 주고받을 수 있으며, 눈싸움을 하거나 눈사람을 만들 수 있다'고 생각하는 사람이 행복하기 마련이다. 눈 때문에 일어나는 부정적인 측면만 생각하면 인생은 불행에서 벗어나기 힘들어진다.

행복은 선택이라는 말처럼 '때문에'를 선택하지 말고 '덕분에'를 선택해야 인생이 행복해진다. 무엇을 선택할 것인지는 전적으로 우리의 결정에 달려 있다. 공감 또한 마찬가지다. 다른 사람의 생각과 감정을 잘 공감하려면 '왜?'라는 말보다는 '얼마나?'라는 말을 사용해야 한다. 흔히 가정이나 직장, 사회생활에서 듣는 '왜?' 대화에는 다음과 같은 것들이 있다.

"왜 당신은 일요일마다 낮잠만 자는 거예요?"
"왜 당신은 불평만 늘어놓는 거요?"
"왜 엄마, 아빠는 잔소리만 하는 거예요?"
"왜 너는 날마다 컴퓨터 게임에만 빠져 사는 거니?"

"왜 사장은 모든 일을 직접 처리하는 걸까?"

그런데 이런 대화에서 나타나는 '왜?'는 대부분 상대방의 생각과 감정을 파악하기 위한 것이 아니다. 그냥 자신의 불평불만을 토로하기 위한 표현에 불과하다. 결국 이런 대화는 상대방의 마음을 공감하기는커녕 두 사람 사이의 간극만 확인시켜 줄 뿐이다. 따라서 이런 말들은 다음과 같이 바꿔 질문해 보는 것이 바람직하다.

"얼마나 피곤하면 일요일마다 낮잠만 자는 걸까?"
"얼마나 속이 상하고 힘들면 그런 불평을 하는 걸까?"
"얼마나 걱정이 되면 잔소리를 하는 걸까?"
"얼마나 컴퓨터 게임이 하고 싶을까?"
"얼마나 직원들이 믿음을 주지 못한 걸까?"

얼마 전 아내와 말다툼을 할 때, 나 역시 똑같은 말을 하고 말았다. 일요일 아침이었는데 갑자기 아내가 화를 내더니 급기야 눈물까지 흘리기 시작했다. 아무런 영문을 몰라 당황해하던 나는 결국 짜증을 참지 못하고 아내를 다그쳤다.

"도대체 왜 그러는 거야? 정말 알다가도 모르겠네. 왜 그러는지 빨리 이유를 말해."

아내는 아무런 대답도 없이 더욱 슬프게 울었고, 나는 화를 참기 위해 공원을 산책한 후 돌아왔다. 얼마 후 기분이 풀린 아내의 이야기를 들어보니 딸의 대학 입학 문제가 원인이었다. 수능시험 성적이 낮아 목표했던 대학에 진학하는 것이 어려워졌기 때문이었다. 이유야 어찌 되었든 내가 조금만 더 아내의 마음을 공감했다면 불필요한 말싸움은 없었을 것이라 생각되었다. 나는 마음속으로 다음과 같이 질문했어야 옳았다.

"얼마나 화가 나는 일이 많기에 그러는 걸까?"

그리고 나서 아내에게 다음과 같이 말했다면 좋았을 것이다.

"속상한 일이 많은 모양이네. 무슨 일 때문인지는 모르겠지만 기분 풀어. 내가 어떻게 하면 도움이 될까?"

다행히 최근에는 '왜?'라는 말보다 '얼마나?'라는 말을 사용하려 적극 노력하고 있다. 부모님께 문안전화를 드릴 때도 "얼마나 적적하실까?"라는 질문을 통해 공감해 보고, 늦잠 자는 버릇이 심한 딸에게는 "얼마나 피곤할까?"라고 생각하며 공감해 본다. 사회에서 만나는 사람들에게는 각각 그 사람의 상황에 따라 "얼마나 기쁠까?", "얼마나 힘들까?", "얼마나 슬플까?" 등을 공감해 본다. 우리가 문상(問喪)을 가면 "얼마나 마음이 아프십니까?"라는 인사말을 건네는데 평상시에도 '얼마나?' 대화법이 매우 필요하다고 생각한다.

데일 카네기가 쓴 『인간관계론』에 다음과 같은 이야기가 있다.

내가 사는 집 근처에는 떡갈나무가 울창한 공원이 있는데 봄
만 되면 산불이 일어나 큰 피해를 보곤 하였다. 화재의 원인은
어린아이들이 숲속에서 소시지나 달걀을 구워 먹은 후 남기는
불씨 때문이었다. 나는 산책을 나갔다가 모닥불을 지피는 모습
을 보면 아이들에게 뛰어가 소리를 지르거나 경찰에 신고하겠다
고 위협했다. 아이들은 마지못해 모닥불을 껐지만 얼마 후 내가
그 자리를 떠나고 나면 즉시 다시 불을 피우곤 했다. 나는 다른
방법이 필요하다는 사실을 깨닫고 아이들에게 다음과 같이 말
하기 시작했다.

"애들아, 불놀이가 참 재밌지? 나도 어렸을 적에는 친구들과
불장난하기를 좋아했지. 그런데 너희들도 알겠지만 자칫 잘못해
서 불이 번지면 이 공원이 모두 불타 버리고 그러면 너희들은 감
옥에 가게 될지도 모른단다. 그러니 다음에 불을 피울 때는 저기
모래밭에 가서 하는 게 어떻겠니? 거기는 불이 날 염려가 없으
니까 너희들도 마음 편하게 불놀이를 할 수 있을 거야."

아이들이 자발적으로 협력하려는 마음을 갖게 하려면 먼저 '얼마
나?'라고 질문할 수 있어야 한다. "얼마나 불놀이가 하고 싶을까?"라
는 질문을 통해 아이들의 마음을 헤아려 본 후, 그러한 공감을 아이
들과 함께 나눠야 한다. 프랑스의 사상가이자 노동운동가인 시몬 베

유(Simone Weil)는 "'무슨 어려운 일을 겪고 계신가요?'라고 물어보는 것이 곧 이웃에 대한 사랑이다."라고 말했다. 가족이나 직장 동료, 주변 사람들과 따뜻한 공감을 나누고 싶다면 먼저 질문을 건네 보라.

"지금 얼마나 마음이 아프십니까?"

새는 좌우의 날개로 난다

주말 저녁, 아들과 함께 부모님 집을 방문하였다. 옹기종기 모여앉아 텔레비전을 보며 대화를 나눈다. 어느덧 9시 뉴스가 시작되는데, 대통령의 외국 순방 소식을 전한다. 아버지가 지나가는 말처럼 이야기하신다.

"인물도 좋고, 말도 청산유수고, 일도 참 잘한단 말이야."

은근히 새겨들으라는 말씀인 줄 알지만 못 들은 척 지나갔다. 잠시 후 무상급식을 둘러싸고 서울시에서 추진 중인 주민투표 관련 뉴스가 흘러나온다. 일본에서 일시 귀국한 누이가 잘 이해가 되질 않는다는 표정으로 내게 묻는다.

누이: 무상급식은 어떻게 되는 거야?
나: 당연히 해야지.

누이: 그러다가 나라 망하는 거 아냐? 부잣집이나 가난한 집이나 다
　　　주는 것도 문제고.
나: 브라질은 채무국이었는데 빈곤층에 대한 복지 확대로 경제가 성
　　장했어. 무상급식은 의무교육의 일환이기 때문에 전면적으로
　　실시하는 게 맞지.

　옳으니 그르니, 잠시 설전이 이어지는데 뜻밖에도 아버지께서 아
무 말씀 없이 텔레비전만 보고 계신다. 나도 서둘러 대화를 종료하였
다. 아무런 결론이 나지 않을 소모전에 불과하다는 사실을 잘 알고
있기 때문이다.
　고대 로마 시인 유베날리스는 "논쟁은 사람을 설득하는 가장 불리
한 방법이다. 사람들의 의견은 못과 같아서 때릴수록 깊이 들어가 버
린다."라고 말했다. 게다가 굳이 구분하자면 아버지는 보수 우익, 누
이는 중도, 나는 진보 좌파에 해당된다.
　이로 인해 젊은 시절에는 적잖은 논쟁을 겪어야 했다. 대통령을 뽑
을 때마다, 노동자들의 파업과 데모가 발생할 때마다, 북한과의 마찰
이 생겨날 때마다 아버지와 나는 상반된 의견을 갖고 서로를 설득하
려 들었다. 광주항쟁과 광우병 파동 때는 다소 치열하기도 하였다.
그렇지만 이제는 알고 있다. 그것은 선악의 대결이 아니라는 사실을.
2010년 작고한 이영희 선생의 책 제목처럼 세상은 좌우의 날개로 난

다는 사실을 이제는 잘 알고 있다.

　아마도 전 세계에서 우리나라만큼 가지각색의 갈등을 겪고 있는 국가도 없을 듯싶다. 이념 갈등, 지역 갈등, 세대 갈등, 빈부 갈등, 의약 갈등, 검경 갈등, 남북 갈등(사실 총성 없는 전쟁이라는 표현이 맞을 것이다)을 비롯해 집단과 계층별로 무수히 많은 갈등에 직면해 있다. 혹시 갈등 종합선물세트라고 표현하면 맞을까?

　물론 다른 나라에서도 비슷한 갈등을 찾아볼 수 있다. 얼마 전 런던에서 발생한 청년들의 폭동 역시 영국이 안고 있는 사회적 갈등의 단면을 여실히 드러내고 있다. 그렇지만 우리 사회의 갈등을 유난히 심각하게 생각하는 것은 대부분 선과 악의 구도에서 갈등이 전개되기 때문이다. 이를테면 자신은 선이요, 상대방은 악이라는 왜곡된 신념을 갖고 갈등에 대처한다. 마치 보수는 꼴통이요, 진보는 빨갱이라는 등식과 마찬가지다.

　갈등의 현장에서 상대에 대한 공감과 이해의 목소리는 찾아보기 어려우며, 자신만이 절대적 진리라는 편견에 사로잡혀 상대방의 존재와 가치를 무시한다. 한쪽 날개만 있어도 새가 날아갈 수 있다고 맹신하며, 다른 쪽 날개를 꺾으려 드는 죽기살기식의 대결에 나서는 것이다.

　그렇지만 새는 양쪽의 날개로 난다. 어느 한 쪽의 날개만 있으면 결국 땅으로 추락하고 만다. 보수가 반드시 악은 아니며, 진보 역시 반드시 선이라고 말할 수 없다. 게다가 개인의 집단의 가치관은 시대 정신의 영향을 받아 형성된 산물이다. 조선시대의 가치관을 현 시대의 가치관으로 비난할 수 없듯이, 기성세대의 가치관을 신세대의 눈높이에서 평가하는 것도 반드시 옳은 일이 아니다.

세상에는 사람과 계층, 국가와 민족에 따라 각기 다른 가치관이 존재한다. 미혼모, 낙태, 안락사, 사형 제도, 생명공학, 원자력 발전, 부자 감세 등의 문제에 대해 사람과 사회, 국가마다 서로 다른 의견을 나타낸다. 아랍권에서는 집안의 명예를 더럽혔다는 이유 때문에 가족 구성원을 죽이는 '명예 살인'이라는 관습이 존재한다.

이렇게 옳고 그름이 명백해 보이는 문제조차 현실에서는 뜨거운 찬반양론을 불러일으키는 것이 사람의 신념이고, 가치관이다. 따라서 갈등 해결을 위해서는 상대방을 적이나 원수가 아니라 같은 방향으로 날기 위해 함께 날갯짓을 하는 공동체의 일원으로 인정하는 일이 우선되어야 한다.

무엇보다 갈등은 선악의 대결이 아닌, 관점의 차이에 불과하다고 생각해야 한다. 그리곤 상대방에 대한 공감의 폭을 넓히기 위해 부단한 노력을 기울여야 한다. 나와 다른 상대방의 날갯짓을 이해하려는 노력, 그것이 바로 공감이다.

공감은 개인의 삶을 따뜻하게 만들어 주고, 조직의 발전을 가져온다. 공감은 계층과 집단 간의 갈등을 해소시켜 주며, 국민들의 일체감을 높여 주고, 국가와 사회의 발전에 크게 기여한다. 친밀한 인간관계, 행복한 삶, 풍요로운 사회는 모두 공감에 달려 있다는 사실을 기억하고 가족 및 주변 사람들과 따뜻한 공감을 나눠 보자.

판화가 이철수는 "새는 좌우의 날개가 아니라 온몸으로 난다. 모든 생명은 저마다 온전한 세계이기 때문이다."라고 말했다. 공감을 할 때는 좌우의 귀가 아니라 온몸으로 하라. 공감은 우리의 힘, 우리의 미래다.